지식인문학자료총서
DB2

지식 인문학 연구를 위한 DB 구축의 실제 1

이 책은 2017년 대한민국 교육부와 한국연구재단의 지원을 받아 수행 중인 단국대학교 일본연구소의 '지식 권력의 변천과 동아시아 인문학: 한·중·일 지식 체계와 유통의 컨디버전스(2017년 HK+ 사업, NRF-2017S1A6A3A01079180)'의 연구 결과로 출간된 것임.

지식인문학자료총서
DB2

지식 인문학 연구를 위한 DB 구축의 실제 1

단국대학교 일본연구소 HK+사업단 기획

허재영·박나연·량랴오중·김현선 지음

　단국대학교 일본연구소 HK+ 사업단에서는 2017년 한국연구재단의 인문한국플러스(HK+) 사업에 선정된 이후 지속적으로 고문헌 DB 구축에 관심을 기울여 왔다. 우리 사업단의 DB 구축은 한중일 '지식 생산의 기반', '지식 지형의 변화', '지식의 사회화'를 연구하는 데 필요한 기초 자료를 수집·분류하여, 디지털 아카이브 형태로 제공하는 것을 목표로 한다. 이를 위해 현재까지 국내외에서 이용할 수 있는 고문헌 DB의 실태를 조사하고, 사업단의 특성화 전략에 따라 가치 있는 DB를 구축하는 것이 본 사업단의 지향점이다.

　이번 총서에서는 DB 구축을 위해 2019년 1년간 진행해 온 작업을 보고하는 차원에서, 기존의 고문헌 DB의 실태 및 이용 방법을 조사하고, 연구소 소장본 기초 문헌 970종 자료 목록을 작성하여 해당 정보를 연구자들에게 제공하는 데 목표를 두었다. 문헌 DB 이용 실태는 '네이버 뉴스라이브러리', 국사편찬위원회 '한국사데이터베이스', '조선왕조실록', 한국고전번역원의 '한국고전종합 DB', 국립중앙도서관의 '디지털 라이브러리', 서울대학교 규장각 '한국학연구원' 등을 대상으로 하였으며, 제공 내용과 이용 방법 및 특징을 설명하는 데 중점을 두었다.

　목록 작업은 2019년 12월 30일 기준으로 사업단에서 확보한 원본 자료 970종을 대상으로 하였으며, '자료명(책명)', '저역자', '출판 정보', '구성', '출판 연대(서기와 연호)', '장정', '서지 관련 기타', '문체', '분야', '작업자', '기타' 정보를 기본으로 목록을 작성한 뒤, 그 가운데 분야 정보와 문체별 계량화 결과를 제시하였다.

또한 2019년 4월 발행한 '지식인문학 자료총서: DB1'『DB 구축 이론과 실제』(경진출판)의 연장선에서 '간찰 자료집'(박나연), '중국 역대 소설 관련 자료집'(량야오중), '근대 여행 관련 자료집'(김현선) 목록을 별도 조사하여 첨부하였다. 이 점에서 세 분야의 자료 정리 원칙은 DB1에서 제시한 기준을 그대로 적용하였다.

고문헌 DB는 양적인 면이나 제공 방식 등에서 해결해야 할 많은 문제가 있다. 이제 우리 연구소는 HK+사업 차원뿐만 아니라 세계적인 연구소로 발돋움하기 위한 첫걸음을 떼었다. 이번 DB 구축 작업에 헌신적으로 일해 온 세 분의 박사과정 학생뿐만 아니라 스캔 작업을 열정적으로 수행해 온 박혜은, 박난아, 김소정, 방원, 김다희, 원종훈 등 연구 보조원 학생들에게 격려의 말씀을 전한다. 그뿐 아니라 먼지 나는 고문헌을 나르고 스캔 작업을 정리해 준 다른 연구 보조원(김주성, 송준영, 안지희, 원정인, 이수진, 이승빈, 권정은 등) 학생들도 노고가 많았다. 이에 앞으로도 지속적으로 사업단의 특성화 결과물이 나올 수 있도록 힘써 주실 것을 당부 드리고자 한다.

끝으로 이번 결과물이 나올 수 있도록 힘써 주신 공동 연구원 교수님, 행정 직원께도 감사의 뜻을 전하며, 자료총서를 지속적으로 출간해 주시는 경진출판 양정섭 사장님께도 또 한 번 감사의 말씀을 드린다.

2020년 2월 10일
단국대학교 일본연구소장 HK+ 연구 책임자 허재영

목차

지식 인문학 연구를 위한 DB 구축의 실제 1

: 소장본 목록 작업을 중심으로

허재영

1. 서론

이 글은 단국대학교 일본연구소 HK+ 사업단이 추진하고 있는 '지식 인문학 연구'를 위한 '디지털 DB 구축(일명 디지털 사고전서)' 작업 과정을 설명하는 데 목표를 두고 있다. 우리 사업단의 DB 구축은 한중일 '지식 생산의 기반', '지식 지형의 변화', '지식의 사회화'를 연구하는 데 필요한 기초 자료를 수집·분류하여, 디지털 아카이브 형태로 제공하는 것을 목표로 한다.

국내에서 디지털 아카이브에 대한 본격적인 관심은 1990년대부터 시작된 것으로 볼 수 있다. 리상용(2000)에 따르면 고문헌 원문 서비스에 대한 관심이 높아지면서, 고려대장경 연구소(문헌 제공 수 1847종), 국립중앙도서관(717종 3천 책), 국사편찬위원회(25종), 국회도서관

(521책), 규장각(12종) 등 다수의 기관에서 서비스를 시작한 것으로 나타난다.

이러한 흐름에서 현재의 문헌 정보 시스템은 제공하는 문헌 수뿐만 아니라 제공 방식, 활용 가능성 등도 중요한 과제가 된다. 예를 들어 '네이버 뉴스라이브러리'의 신문 자료나 국사편찬위원회의 '한국사데이터베이스'('조선왕조실록' 포함) 등과 같이 인터넷상에서 자유롭게 자료를 열람하고, 그 자료를 인용할 수 있는가 하면, 일부 시스템의 경우 접근성은 뛰어나나 자료 판독이 어려운 경우가 있고, 검색 기능이 불완전할 경우도 있다. 또한 국가 기관이나 언론사의 문헌 정보 시스템과는 달리 각 대학이나 연구팀이 구축한 DB의 경우 구축 대상이나 내용이 무엇인지 확인하기 어렵거나 접근성과 가독성이 떨어져, 실용적인 차원에서 DB로서의 가치가 약화되는 경우도 있다.

이 점을 고려하여 단국대학교 일본연구소 HK+ 사업단은 '지식 권력의 변천과 동아시아 인문학: 한중일 지식 체계와 유통의 컨디버전스'를 연구하는 데 유용한 기초 자료를 최대한 조사하고, 사업단이 소장하고 있는 5천여 종의 기초 자료를 분류하여 아카이브 형태의 DB를 구축하는 데 목표를 두고 있다.

이 글은 좀 더 유용한 DB 구축을 위해, 단국대학교 일본연구소 기획 (2019) 『DB 구축 이론과 실제』(경진출판)에 이어, 현 단계 연구자가 많이 활용하는 주요 문헌 DB에 대한 기초 조사 및 2019년 사업단이 진행해 온 DB 대상 문헌 목록과 특징을 기술하는 데 목표를 둔다.

2. 주요 문헌 DB 이용 실태 조사

현재 연구자들이 많이 이용하는 DB로는 '네이버 뉴스라이브러리', 국사편찬위원회 '한국사데이터베이스', '조선왕조실록', 한국고전번역원의 '한국고전종합 DB', 국립중앙도서관의 '디지털 라이브러리', 서울대학교 규장각 '한국학연구원' 등이 있다. 이뿐만 아니라 국내 일부 대학 도서관에서도 자체적으로 DB를 제공하는 경우가 있다.[1] 연구자들이 이용하는 DB는 기관마다 자료의 유형이나 이용 방법에 차이가 있는데, 위의 기관에서 제공하는 DB를 대상으로 자료 내용과 이용 방법에 대해 좀 더 살펴보자.

첫째, 네이버 뉴스라이브러리는 1920년 4월 1일부터 1999년 12월 31일까지 『동아일보』, 『경향신문』, 『매일경제』, 『한겨레』의 신문 자료를 이용할 수 있다는 점에서 유용한 DB에 해당한다. 인터넷에서 접속하여 무료로 기사를 검색할 수 있는데, 검색 창은 '날짜 검색', '키워드 검색', '상세 검색', '마이스크랩'으로 구성되어 있다. 제공 자료는 원문 및 한글을 변환한 자료이며, 별도 브라우저를 통한 전용 뷰어로 내용을 확인할 수 있다. 기사의 저작권 보호 차원에서 신문 원본의 이미지나 내용을 저장할 수는 없으나, 연구 자료의 활용 가능성 차원에서는 매우 유용한 DB에 해당한다.

둘째, 국사편찬위원회 '한국사데이터베이스'는 2019년 3월 기준 101종 848만 여건, 15억 1천만 자의 자료를 DB로 구축하여 제공하는 기관이다. 상세 검색과 시소러스 검색 기능을 갖추고 있으며, 열람

---

[1] 여기서 말하는 DB 제공 기관은 문헌 아카이브를 제공하는 기관을 말하며, 각 기관을 전수 조사한 것은 아님을 밝혀 둔다.

기준은 '시대별', '형태별', '가나다별', '국사편찬위원회 자료'로 구성되었다. 각 기준에 따른 내용 구성은 다음과 같다.2)

[한국사 데이터베이스의 일람 구성]

배열 기준	구성 항목
시대별	통사, 고대, 고려시대, 조선시대, 대한제국, 일제 강점기, 대한민국
형태별	도서, 문서, 편년 자료, 연속 간행물, 인물, 연표, 지도, 멀티미디어 자료, 목록·연구 논저
가나다별	가~하, 기타
국사편찬위원회 자료	간행 자료, 소장 자료

각 일람표는 제공하는 DB를 시대와 형태, 가나다, 간행 자료와 소장 자료를 기준으로 구성한 것이다. 제공하는 자료의 내용을 '시대별'로 살펴보면 다음과 같다.3)

[한국사 데이터베이스 시대별 일람]

통사	한국사, 신편한국사, 한국사론, 국사관논총, 한국사료총서, 해외사료총서, 중국정사조선전, 한국사연구회보, 동학농민혁명사논저 목록, 재외동포사 총서, 학술회의 총서, 주제별 연표, 재외동포사 연표
고대	삼국사기, 삼국유사, 해동고승전, 한국고대금석문, 한국목간자료, 한국고대사료집성 중국편, 중국정사조선전, 일본육국사 한국관계기사, 입당구법순례행기, 고대사 연표
고려시대	고려사, 고려사절요, 동인지문사륙, 동인지문오칠, 제왕운기, 보한집, 파한집, 선화봉사고려도경, 원고려기사, 중국사서 고려·발해 유임기사, 고려시대 금석문·문자자료, 개경기초자료, 개경지리정보

---

2) 2020년 2월 기준 한국사데이터베이스 홈페이지.
3) 한국사 데이터베이스는 연차별로 자료를 추가하고 있다.

조선시대	조선왕조실록, 비변사등록, 승정원일기, 각사등록, 각사등록 근대편, 사료 고종시대사, 고종시대사, 주한일본공사관기록 통감부 문서, 근대 한일 외교자료, 동학농민혁명 자료 총서, 동학농민혁명사 일지, 동학농민혁명 연표, 대마도종가 문서 자료집, 한국고지도 목록, 명실록, 청실록, 조선시대 법령자료, 수집자료 해제집
대한제국	사료 고종시대사, 고종시대사, 각사등록 근대편, 주한일본공사관기록 통감부 문서, 한국근대사 자료집성, 한국근대사 기초 자료집, 직원록 자료, 한국 근현대 잡지 자료, 근대사 연표
일제 강점기	삼일운동 데이터베이스, 일제감시 대상인물카드, 일제침략하 한국36년사, 한민족 독립운동사, 한국독립운동사 자료, 한민족 독립운동사 자료집, 대한민국 임시정부 자료집, 국내 항일운동 자료 경성 지방법원 검사국 문서, 소요 사건에 관한 도장관 보고철, 조선 소요사건 관계 서류, 국외 항일운동 자료 일본 외무성 기록, 중추원 조사 자료, 한국 근대사 자료 집성, 한국 근대사 기초 자료집, 직원록 자료, 한국 근현대 인물 자료, 한국 근현대 회사 조합 자료, 한국 근대지도 자료, 한국 근대지지 자료, 일제 시기 희귀 자료, 한국 근현대 잡지 자료, 동아일보, 시대일보, 중외일보, 중앙일보, 조선중앙일보, 공립신보, 신한민보, 부산일보, 조선시보, 신문 스크랩 자료, 사진 유리 필름 자료, 근대사 연표, 수집 사료 해제, 일본군 위안부 전쟁범죄 자료집
대한민국	자료 대한민국사, FRUS, 반민특위 조사 기록, 친일파 관련 문헌, 미군정기 군정단 군정 중대 문서, 유엔의 한국문제 처리에 관한 미 국무부의 문서, 유엔 한국 임시 위원단 관계 문서, 미군정기 자료 주한 미군사, SWNCC, 이승만 서한철, 휴전회담 회의록, 유태하 보고서, 한국 근현대 인물 자료, 동아일보, 자유신문, 경남신문 계열, 대한민국사 연표, 동학농민혁명 증언록

    시대를 기준으로 할 때 제공하는 DB는 중복된 것들이 있다.[4] 예를 들어 한국 근현대 잡지 자료의 경우 연속 간행물로 대한제국기에 발행된 것과 일제 강점기에 발행된 것이 섞여 있는데, 이는 자료 형태가 동일 유형이기 때문이라고 볼 수 있다. 엄밀히 말하면 동일 항목일지라도 발행 시기를 고려하여 두 항목을 나누는 방안도 있을 수 있으나, 검색하여 활용하는 데 무리가 없으므로 형태상 동질성을 유지하고, 시대상 중복된 것이 큰 문제가 되지는 않는다.

    제공하는 자료는 기본적으로 해제와 PDF 수준의 정보를 제공하나, 일부 자료는 원문에 대한 한글 변환, 스크랩 등이 가능한 경우도 있다.

---

4) 여기서 중복은 시대별 중복 표시를 의미하며, 자료 이용에 문제가 되는 것은 아니다.

특히 '조선왕조실록'은 태조~철종, 고종~순종까지의 자료를 키워드로 검색할 수 있고, 표제와 본문, 인명, 지명, 서명, 주석, 사론, 기간 등을 고려한 상세 검색이 가능하다. 원문뿐만 아니라 번역문을 모두 제공하며, 해당 기사에 대한 상호 전환이 가능하다.

셋째, 한국고전번역원의 '한국고전종합DB'는 한국 문집 총간 등 고전번역원 사업 성과물을 담은 고전문헌 종합 DB이다. 이 DB는 2001년부터 서비스를 시작하여 9억여 자의 텍스트와 78면의 이미지, 500만 건의 메타데이터 규모의 정보를 제공하는 한문 고전문헌의 대표적인 DB이다. DB 홈페이지에는 '고전 번역 서지 정보', '고전 번역서 각주 정보', '한국 문집 총간 편목 색인', '한국 문집 총간 저자 행력 정보', '고전 용어 시소러스', '이체자 정보', '전자책 라이브러리' 등이 구성되어 있으며, '고전 번역서', '조선왕조실록', '승정원 일기', '일성록', '고전 산문', '한국 문집 총간', '해제', '경서 성독'의 정보를 제공받을 수 있다.

'고전 번역서'는 가나다순 '서명별', '저자별', '간행처별', '주제별' 검색이 가능하며, 총 238종의 자료가 탑재되어 있다. '조선왕조실록'은 31개 리스트가 존재하는데, 각 자료는 원문과 이미지를 연계하였으며, 해제와 역자 및 서지 정보를 부가 정보로 제공하고 있다. '승정원 일기'는 '왕명', '서기', '연호'에 따라 배열하고, 총 12개의 리스트로 구성하였다. 원문과 이미지를 연계하고 해제, 역자, 서지 정보를 부가하였다. 이 방식은 '일성록'도 동일한데, 이 자료는 7개 리스트로 구성되었다. '고전 원문'은 120개 리스트, '한국 문집 총간'은 1259개 리스트로 구성되었다. 특히 일부 자료는 번역문을 함께 제공하여 연구자들이 쉽게 활용할 수 있다. '해제'의 리스트는 233개이며, '경서 성독' 4종은 『대학』, 『논어』, 『맹자』, 『중용』에 대한 성독 듣기 정보가 제공

된다. 이울러 '고전 용어 시소러스'에서는 표제어를 중심으로 용어 검색이 가능하도록 하였다. 한국고전번역원에서는 지속적으로 DB를 업데이트하고 있는데, 위의 자료 가운데 '고전 번역서 31종 48책', '승정원 일기' 40책, '일성록' 10책, '고전 원문' 17종 14책, '한국문집총간' 속편 10종 3책분은 2020년 1월 23일 업데이터한 것이다.[5]

국립중앙도서관은 '국가자료 종합 목록', '한국 고전적 종합목록', '해외 한국관련 기록물', '국가전자도서관', 'WEB DB', '연계자료', '전자 잡지 열람' 등이 구축되어 있어, 자료 이용에 유용하다. 이 가운데 '디지털화 자료'에서는 총 22개 항목의 디지털화된 자료를 제공한다. 각 항목은 '고서·고문서'(총 42,687건), '고지도'(123건), '교과서'(3,842건), '국내 발간 한국관련 외국어 자료'(352건), '관보(1894~1948)'(524,288건), '단행 자료'(558,942건), '독도 관련 자료'(10건), '문화체육관광부 발간 자료'(1,509건), '신문학 대표 소설'(497건), '악보'(102,080건), '어린이·청소년 관련 자료'(64,966건), '연속 간행물'(21,450건), '연속 간행물 귀중본'(78,389건), '우수학술도서'(36건), '인문과학분야 박사논문'(92,961건), '일본어자료(~1945)'(82,189건), '정부 간행물'(44,978건), '한글판 고전소설'(903건), '한국 고전 백선'(71건), '한국 고전적 종합 목록'(18,116건), '한국관련 외국어자료'(8,517건), '신문(~1955년)'(5,498,238건) 등의 정보가 제공된다.[6] 이들 자료 가운데 단행본은 원문 전체를 제공받을 수 있으며, 신문 자료의 경우는 기사별로 제공되기 때문에, 찾고자 하는 자료 정보를 정확히 인지하지 못할 경우 이용하는 데 어려움이 따를 수도 있다. 이 점에서 뉴스 빅데이터를 분석하는 빅카인즈 서비스가

---

5) 한국고전번역원 알림마당(http://www.itkc.or.kr/bbs), 2020.1.23. 한국고전종합DB 업데이트 안내.

6) 2020.2.5를 기준으로 작성함.

유용할 때도 있는데, 빅카인즈는 신문 방송 등 국내 54개 주요 언론사의 뉴스 관련 빅데이터이다.

빅카인즈에서는 '최신 뉴스', '남북 관계 뉴스', '고신문' 등의 정보를 제공받을 수 있는데, '고신문'은 국립중앙도서관 '대한민국 신문아카이브'로 이관되었으며, 일부 신문은 '한국역사정보통합시스템'에서 정보를 제공받을 수 있다. 특히 '대한민국신문아카이브'에는 82개의 신문 자료를 활용할 수 있는데, 각 신문은 언론사별(신문별) 키워드 검색이 가능하다. 다만 신문 자료 제공 형태는 디지털화 정도에 따라 큰 차이를 보이는데,『한성순보』1883년 10월 31일자 '순보서(旬報序)'의 경우 '원문보기'와 '번역문'을 제공받을 수 있으나, 일제 강점기 『매일신보』의 경우 '원문보기' 및 '주기 사항' 정보만 구축되어 있다. 특히『매일신보』,『신한민보』등의 원문보기는 서비스 제공 자료의 화질이 좋지 않기 때문에 이용하는 데 불편함이 따르기도 하며, 일제 강점기 주요 신문의 하나였던『조선일보』와 같은 자료가 포함되지 않은 점은 아쉬운 점에 해당한다.

이와 함께 서울대학교 'e-규장각 자료 총서'도 중요한 정보 제공처이다. 규장각 한국학연구원에서 제공하는 자료는 서지, 목차, 해제 정보를 제공받을 수 있고, 원문 열람이나 복제는 신청을 통해 유상으로 제공한다. 이뿐만 아니라 서울대학교 중앙도서관, 서강대학교 로욜라 도서관, 교과서 박물관 등 대학 도서관이나 박물관에서 제공하는 다수의 디지털 정보가 있으며, 이들 자료 가운데 상당수는 국립중앙도서관에 연계되어 있음을 확인할 수 있다.

3. 소장본 자료 분석

2000년대 전후로 본격화된 고문헌 DB 작업 결과 현재는 인터넷상으로 상당수의 고문헌 정보를 검색하고 활용할 수 있는 상황에 이르렀다. 그뿐만 아니라 한국연구재단 및 한국학중앙연구원에서 지속적으로 추진해 온 '토대 연구 사업'의 결과, 특정 연구 주제와 관련한 상당량의 DB가 구축되기도 하였다. 이들 자료 가운데 상당수는 연계 정보 시스템에 따른 이용이 가능하므로, 현 단계에서 고문헌 자료 구축 DB 사업은 비교적 큰 성과를 거두었다고 평가할 수 있다.

그럼에도 특정 주제와 아젠다를 구체적으로 연구하는 과정에서는 각종 DB 구축 작업이 필요할 때가 많다. 이 점에서 단국대학교 일본연구소에서도 연구소에서 확보할 수 있는 기초 자료 5천여 종을 대상으로 DB 구축 계획을 수립하고, 2차 연도부터 본격적인 작업에 들어갔다. 그 결과 2019년 12월 30일 기준으로 사업단에서 확보한 원본 자료 970종, 영인 자료 200종을 스캔하고 원본 자료의 경우 기초 목록을 작성하였다.[7]

기초 목록은 '자료명(책명)', '저역자', '출판 정보', '구성', '출판 연대(서기와 연호)', '장정', '서지 관련 기타', '문체', '분야', '작업자', '기타' 정보를 두어, 연구 과정에서 주제별 분류를 할 수 있도록 하였다. 그 가운데 '분야'와 '문체' 정보를 계량하면 다음과 같다.

---

7) 원본 자료 목록은 이 책의 발행과 함께 단국대학교 일본연구소 HK+ 사업단의 홈페이지에 공개할 예정이다.

[2019년 작업분의 분야·문체 분석]

분야	국문	국한문	기타	영문	영일문	일본문	일선문	일중문	중국문	한문	총합계
경제		1				3				1	5
계몽	5	30				16			2	6	59
교육	2	12				46	1		5	22	88
농업		1				4	1				6
목록	3	5				4			1	5	18
문집										21	21
문학	20	30			1	19			8	43	121
물리						4					4
법학		1				1					2
사상										1	1
사전	1	6				7			3	1	18
생리						1			2		3
수학		3				12				21	36
어문									1		1
언어	3	11	2	1		10	10	3	5	7	52
여성	4	5				3			2	5	19
역사		38				97			3	42	180
예술		1				3			2		6
의례	1	7								11	19
의약		6				4			6	10	26
인물		14				6				17	37
잡지		9				4				1	14
정치		4				20					24
종교	25	49		1	1	14			8	25	123
중국						1					1
지리	1	4				5				5	15

분야	국문	국한문	기타	영문	영일문	일본문	일선문	일중문	중국문	한문	총합계
철학	1	11				7			12	19	50
편지	8	7							1	2	18
화학		2				1					3
계	74	257	2	2	2	292	12	3	61	265	970

　분야별로 볼 때, 사업단 작업 목록은 '역사'(180),[8] '종교'(123), '문학'(121), '교육'(88)의 순으로 나타나며, 문체별로는 '일본문'(292), '한문'(265), '국한문'(257), '순국문'(74), '중국문(특히 백화문)'(61)의 순으로 나타난다.

　분야별 자료에서 일부 자료는 중복 분류가 가능하다. 예를 들어 『고등소학 산술서(高等小學算術書)』와 같은 자료는 교육(교과서) 자료이자 수학 자료이다. 따라서 이 분류에서는 '수학', '화학', '지리' 등의 특정 교과와 관련된 교과서는 해당 교과를 분류 키워드로 삼았고, '독본(讀本)'과 같은 경우는 '교육'을 분류 키워드로 부여한 뒤, '기타' 범주에 중복 가능한 다른 분야를 적어 놓았다. 이 작업은 연차별 작업이 마무리된 뒤 재분류를 통해 좀 더 정제된 연구가 이루어질 수 있도록 수정할 예정이다.

　목록 가운데는 기존의 고문헌 DB에서도 확인할 수 있는 자료가 포함되어 있다. 예를 들어 『유원총보(類苑叢寶)』, 『성암유고』, 『송서습유(宋書拾遺)』 등의 문집이나 다수의 문학 작품집, 역사서 등은 한국고전번역원, 한국사데이터베이스 등에서도 확인할 수 있는 자료들이다. 그럼에도 연구소의 원본 자료가 기존의 자료와 동일하지 않을 수 있

---

8) 괄호 안의 숫자는 종수.

고, 일부 잡지의 경우 기존의 DB에서 확인할 수 없는 것들도 다수 포함되어 있어 소장 자료를 최대한 DB화하는 데 중점을 두고 작업을 진행하였다.

문체상 일본문이 많은 까닭은 갑오개혁부터 일제 강점기까지 일본문으로 만들어진 자료가 많이 포함된 까닭이다. '한문'과 '중국문'은 그 경계를 설정하기가 쉽지 않으나, '중국문'은 '민국(民國)' 연호를 사용하거나 '간체자'를 사용한 자료를 중국문으로 처리하였다. '국한문'에는 '국문 부속(國文附屬)', '한자 부속(漢字附屬)', '현토체(懸吐體)' 등의 세분류가 가능하나, 현 상태에서는 이를 포괄하여 하나의 항목으로 설정하였다.

4. 결론

우리 연구소가 추구하는 지식 인문학은 지식 사회학에서 천명하는 지식의 계급성, 이데올로기성을 극복하고 시대별, 사회별, 국가별 지식의 체계와 변화, 영향력 등에 대한 가치를 정립해 가는 데 목표를 두는 새로운 학문 분야이다. 그렇기 때문에 근본적으로 지식 인문학은 사회학적 계량화와 객관적 자료 분석을 중시하는 연구 태도를 견지한다. 이 점에서 우리 사업단의 지식 인문학 연구를 위해 구축하는 데이터베이스(일명 디지털 사고전서)는 기존의 고문헌 빅데이터를 보완하는 새로운 데이터 구축을 목표로 한다.

이 글은 '디지털 사고전서' 구축을 위한 2019년 1년간의 작업을 결산하는 차원에서 작성한 글이다. 차후 작업을 진행할 때마다 연차별로 그 결과를 정리할 예정이며, 최소 향후 4년간 기초 작업을 지속할 예정이다. 이미 'DB총서 1'『DB 구축의 이론과 실제』(2019, 경진출판)에서 밝힌 바와 같이, 목록 DB, 해제, 아카이브 구축, 검색 기능 강화 등의 순서에 따라 우리 사업단의 기초 자료가 세계적인 학문 발전에 기여할 수 있도록 순차적으로 작업을 진행해 갈 예정이다.

2019년 단국대학교 일본연구소 HK+ 사업단 DB 작업 목록

(2019.12.30 기준)

사업단 DB 구축팀

번호	자료명	저역자	출판 정보	구성	출판 연대	연호	장정	서지 기타	문체	분야	기타
1	(언문번역) 법화경 상	玄瑞鳳	永盛商會		1935	昭和8年			국한문	종교	
2	(현토선역) 묘법연화경	安本震湖	卍商會		1944	昭和18年			국한문	종교	
3	4년제 초등 이과서 (初等理科書)	朝鮮總督府	朝鮮 書籍印刷 株式會社		1936	昭和9年			일본문	교육	교과서 (일제)
4	50개 유명한 이야기								일본문	문학	
5	6개월 대성 속수일어자통	金東圭	博文書館		1920	大正10年			일선문	언어	일본어
6	FIFTY FAMOUS STORIES by J.Baldwin	Hamabayashi	Tokyo Kembunsha		1931	昭和5年			영일문	문학	

번호	자료명	저역자	출판정보	구성	출판연대	연호	장정	서지기타	문체	분야	기타
7	KOREAN in a HURRY	Samuel E.Martin	Charles E.Tuttle Company		1960				영문	언어	한국어
8	가입문고(嫁入文庫) 23 부인위생 권 (婦人衛生の卷)		실업지 일본 (實業之日本)		1918	大正7年			일본문	여성	
9	가정교육 (家庭敎育) 제이기 (第二期)		寧波釣和印刷公司		1923	민국12년			중국문	교육	
10	가정구급법 (家庭救急法)	朴容南 편술	共愛堂		1909	隆熙3年 서문			국한문	계몽	교과 (근대
11	가톨릭연구 (カトリック硏究) 第一輯	東京帝國大學カトリック硏究會 編	岩波書店		1931	昭和5年			일본문	종교	
12	각시대의 대쟁투(各時代의 大爭鬪)	이지화잇 저, 王大雅 편역	時兆社		1935	昭和9年			국한문	정치	
13	간례찬요 (簡禮纂要)	趙萬善	三奇堂 石版 印刷所			소화연간	석판		한문	의례	
14	간이상업부기학(簡易商業簿記學)	西河 任景宰, 杞溪 俞承兼 閱	徽文館		1909	융희3년			국한문	교육	교과 (근대
15	간재연보 (艮齋年譜)			상하 2책	미상				한문	인물	간자 전우 연보
16	감효록 (感孝錄)	月城 崔鑲翰 序文, 宋根用 跋文	미상					목판	한문	인물	
17	강남조선역사 (江南造船歷史 1865~1949)		上海 人民 出版社		1975				중국문	역사	
18	강대보고(講臺寶庫) 제2집	金正賢 牧師	장로회 총회 종교 교육부		1940	昭和14年			국한문	종교	
19	개벽지 총목차	대한민국 국회도서관			1966				국한문	목록	

번호	자료명	저역자	출판 정보	구성	출판 연대	연호	장정	서지 기타	문체	분야	기타
20	개자원화보 육집(芥子園 畵譜六集)		上海 江東書局		1922	민국11년			중국문	예술	
21	개조사상20강 (改造思想二 十講)	宮島新三郎 ·相田隆太郎	新潮社		1923	大正11년			일본문	계몽	식민
22	격몽요결 (擊蒙要訣)		필사본			정미년			한문	교육	
23	경성법학회 논집(京城法 學會論集)	船田享二	刀江書院		1935	昭和9년		표지 앞부분 낙장	일본문	법학	경성제 대 법학 부 활동
24	경성제국대학 문학회 학총(學叢) 제3집	秋葉隆	東都書籍 株式會社 京城支部		1945	昭和19년			일본문	잡지	경성 제대
25	경성제대 창립 10주년 기념 논문집 (문학편)	경성제대 문학회 논찬 제6집	大阪 屋號書店		1938	昭和11년			일본문	문학	경성제 대(문학 회 잡지 목록)
26	경성제대 창립 10주년 기념 논문집 (사학편)	경성제대 문학회 논찬 제5집	大阪 屋號書店		1938	昭和11년			일본문	문학	경성제 대(문학 회 잡지 목록)
27	경이기 (驚異記) 건		上海書局		1891	광서 병오(17) 소춘		석인본	중국문	문학	
28	경찰관 조선어교과서 (警察官 朝鮮語教科書)								일선문	언어	조선어
29	경학역사 (經學歷史)	善化 皮錫瑞	商務印 書館		1926	민국14년			중국어	철학	
30	경학역사 (經學歷史)	皮錫瑞	商務印 書館		1925	민국14년			중국문	철학	유학
31	경학원잡지 (經學院雜誌)	朝鮮儒道 聯合會	조선유도 연합회		1941	大正15년			일본문	잡지	식민
32	계급투쟁사론 (階級鬪爭史論)	山口義三	東京 大鐙閣		1920	大正9년			일본문	정치	
33	계명 권19	계명구락부	계명 구락부		1928	소화2년			국한문	잡지	

번호	자료명	저역자	출판정보	구성	출판연대	연호	장정	서지기타	문체	분야	기타
34	계몽편 (啟蒙篇)	盧益亨	博文書館		1918	대정6년			국한문	교육	
35	계몽편 (啟蒙篇)	필사			미상				한문	계몽	
36	계해년 필사 가사(문순옥)	문순옥	미상		1923	계해년			국문	문학	
37	고금비서 팔품신기유현술(八品神機幽玄術)	陽新堂 主人	北澤活版所印刷		1914	大正3年 (초판 1912)			일본문	종교	일본 점성술
38	고금역대표제 주석 십구사략 (十九史略)				미상			한적	한문	역사	
39	고등 소학국사 (高等 小學國史) 상권	文部省	大阪書籍 株式會社		1928	소화2년			일본문	역사	교과서 (일본)
40	고등대수학 (高等代數學)	渡邊 孫一郎	서울 文星堂		1950	단기4283			국한문	수학	1942년 서문이 있음
41	고등독본 4	山縣悌三郎 編	文學社		1892	明治26年			일본문	교육	교과서 (일본)
42	고등독본 5	山縣悌三郎 編	文學社		1892	明治26年			일본문	교육	교과서 (일본)
43	고등독본 6	山縣悌三郎 編	文學社		1892	明治26年			일본문	교육	교과서 (일본)
44	고등독본 (高等讀本) 1	山縣悌三郎 編	文學社		1892	明治26年			일본문	교육	교과서 (일본)
45	고등독본 (高等讀本) 2	山縣悌三郎 編	文學社		1892	明治26年			일본문	교육	교과서 (일본)
46	고등독본 (高等讀本) 3	山縣悌三郎 編	文學社		1892	明治26年			일본문	교육	교과서 (일본)
47	고등독본 (高等讀本) 4	山縣悌三郎 編	文學社		1892	明治26年			일본문	교육	교과서 (일본)
48	고등독본 (高等讀本) 7	山縣悌三郎 編	文學社		1892	明治26年			일본문	교육	교과서 (일본)
49	고등독본 (高等讀本) 7	山縣悌三郎 編	文學社		1892	明治26年			일본문	교육	교과서 (일본)

번호	자료명	저역자	출판정보	구성	출판연대	연호	장정	서지기타	문체	분야	기타
50	고등독본 (高等讀本) 8	山縣悌三郎 編	文學社		1892	明治26年			일본문	교육	
51	고등독본자인 (高等讀本字引) 자제1~지제4 상권	川田孝吉	東京 教育書院		1893	明治27年			일본문	교육	교과서 (일본)
52	고등독본자인 (高等讀本字引) 자제5~지제8 하권	川田孝吉	東京 教育書院		1893	明治27年			일본문	교육	교과서 (일본)
53	고등산술교과 서(高等算術 教科書) 권2	原亮一郎	金港堂		1901	明治34年			일본문	수학	교과서 (일본)
54	고등소학 산술서(高等 小學 算術書) 제2학년	文部省	大倉印刷 所		1911年	明治44年			일본문	수학	교과서 (일제)
55	고등소학과 자 인(高等小學 科 字引 國定教 科書 第三學年: 讀本·修身·地 理·歷史)	教育同志會 編纂	日新會		1905	明治37年			일본문	언어	교과서 (일본)
56	고려인물지 (高麗人物誌) 건	林鳳植	고려인물 지 편찬소		1938	昭和12年			한문	인물	
57	고인왈지셔 (립교치졔 필사본)	림도원	필사본		게 취 이 월 이 십 닷 시 날 뎡셔				국문	종교	
58	공민독본 2 (군용)	문교부	문교부		1953	단기4286			국문	계몽	
59	과수재배법 (果樹栽培法)	金鎭初	普成社		1909	융회3년			국한문	농업	교과서 (근대)
60	과학과 실재 (科學と實在)	피에르 데베 ·平林初之輔 譯	叢文閣		1924			자연 과학	일본문	철학	번역
61	과화존신 (過化存神)				1880년 대 추정			구활자	한문	종교	1880년 왕명 간행(관 성교 경전)

번호	자료명	저역자	출판정보	구성	출판연대	연호	장정	서지기타	문체	분야	기타
62	관화 표준 단기속수 중국어자통	伊泉伍重	대동인서관		1944	소화18			중일문	언어	
63	광릉세고 (廣陵世稿)	安宅明 (서문)	觀峴徽文館		1919	기미초하 상한			한문	역사	
64	광주학생 독립운동사	지재 양동주 (芝齋 梁東柱)	호남출판사		1956	단기4289			국한문	역사	
65	교각 일본외사								일본문	역사	
66	교각 일본외사 (校刻日本外史) 21		미상					미상	일본문	역사	
67	교남과방록 부록(嶠南科榜錄 附錄) 권3					일제 강점기 추정			한문	교육	
68	교남과방록 사마방 (嶠南科榜錄 司馬榜) 권지일					일제 강점기 추정			한문	교육	
69	교남과방록 사마방 (嶠南科榜錄 司馬榜)2					일제			한문	교육	
70	교남과방록 사마방 (嶠南科榜錄 司馬榜)3					일제			한문	교육	
71	교남과방록 세강편 (嶠南科榜錄 世講編)					일제			한문	교육	
72	교남과방록 호방(嶠南科 榜錄 虎榜)1					일제			한문	교육	
73	교도수양편 (教徒修養篇)	도생사(渡生寺)·청주시 우암산 관음사(觀音寺)	민태식		1961				국한문	종교	
74	교리강의 성사편	덕원 감목 보 사우에르 감준	德源修道院印刷部		1944	昭和18年			국문	종교	

번호	자료명	저역자	출판정보	구성	출판연대	연호	장정	서지기타	문체	분야	기타
75	교육	이·지·화잇 저, 조선합회 교육부 역	평남 義明學校		1932	昭和6年		경필 유인본	국문	교육	
76	교육사 강요 (敎育史綱要)	吉田雄次	目黒書店		1937	昭和11年			일본문	교육	
77	구산잡저 (臼山雜著)	艮齋先生 撰			미상		당판본		한문	철학	儒學(간 재 전우)
78	구약문학개론	柳瀅基	新生社	1946					국한문	종교	
79	구약사기 (舊約史記)	蘇安論 著	朝鮮 耶蘇 敎書會		1948	서문			국문	종교	
80	구약성서 약주 (舊約聖書略註) 상	黑崎幸吉 編	大阪 明和書院		1959	昭和26年 (초판 소화13년)			일본문	종교	
81	구운몽 (九雲夢)	필사본	필사본	필사본					한문	문학	
82	구한말 간행물 목록	국회도서관	국회 도서관		1972				국한문	목록	
83	구효전(九孝 傳) 김해김씨 구효 서 권지삼·사	牙山士人 蔣漢根 稿	昌泳 刊			계묘		한적	한문	인물	
84	국문독본	문교부	문교부		1957	단기4260			국문	언어	국문
85	국문독본 (공민학교 성인반용)	문교부	문교부		1957				국문	언어	국문
86	국문학개론 (國文學槪論)	具滋均· 孫洛範· 金亨奎	成堂書店		1955	단기4288			국한문	문학	
87	국민대동향약 (國民大同鄕約)	박일우	화성당 인쇄소		1951	단기4284			국한문	의례	
88	국민학교 국어 요설(國民學 校國語要說)	原田金司	춘천 사범학교 국어교육 연구실		1945	昭和19年			일본문	언어	일본어 (국어)
89	국사(國史)	장도빈 (張道斌)	한성시 국사원 발행		1946	단기 4289	현대 활자		국한문	역사	

번호	자료명	저역자	출판정보	구성	출판연대	연호	장정	서지기타	문체	분야	기타
90	국어교본 (國語教本)	朝鮮總督府	朝鮮印刷株式會社		1939	昭和13年			일본문	언어	교과서 (일제
91	국어문전음학	주시경	博文書館	1907	융희1년				국한문	언어	국어
92	국어입문	장지영						87쪽 이하 낙장	국한문	언어	국어
93	국어학사의 연구(國語學史の研究)	鬼澤福次郎	東京 大同館		1930	昭和4年			일본문	언어	일본0 학사
94	국조실록 준거 명신사전(國朝實錄 準據 名臣史傳)	신민사장판 (新民社藏板) ·이각종 (李覺鐘)	신민사 (新民社)		1928	소화2년	신식 활자		한문	역사	없음
95	국조인물지 (國朝人物志)	안종화 (安鍾和)		상중하 3책	1909	융희3년	신식 활자		국한문	인물	없음
96	국체명감 (國體明鑑)	朝鮮儒道聯合會	每日新報社		1945	昭和19年			국한문	정치	식민
97	국학사의 연구 (國學史の研究)	河野省三	畝傍書房		1944	昭和18年			일본문	역사	식민
98	규문보감 (閨門寶鑑)	徐雨錫	鮮光印刷株式會社		1936	昭和10年			국한문	여성	
99	그리스도교 도리와 경험	都伊明	朝鮮耶蘇教書會		1921	大正10年			국문	종교	
100	근고 사담 신석 (近古史談新釋)	鳥田鈞一	東京 有精堂		1942	昭和16年 (17판)			일본문	문학	역사
101	근대 세계 외교사(近代 世界外交史)	長瀨鳳輔	早稻田大學出版部					2017쪽 이하 관권 낙장	일본문	역사	
102	근대 조선 경제사(近代 朝鮮經濟史)	崔虎鎭	慶應書房		1943	소화17년			일본문	역사	
104	근대 조선사 연구(近代朝 鮮史研究)	朝鮮總督府 朝鮮史 編修會	日本 出版配給 株式會社		1945	昭和19年			일본문	역사	

번호	자료명	저역자	출판정보	구성	출판연대	연호	장정	서지기타	문체	분야	기타
103	근대 조선사연구(近代朝鮮史研究)	조선사편찬위원회	日本出版配給株式會社朝鮮支部		1945	소화19년			일본문	역사	조선사
105	근대 조선사(近代 朝鮮史)상권	菊池謙讓	大陸研究所		1939	昭和12年			일본문	역사	조선사
106	근대 조선사(近代 朝鮮史)하권	菊池謙讓	大陸研究所		1939	昭和12年			일본문	역사	조선사
107	근등 용략전(近藤勇略傳)	興岳正禪(林正禪)	伊藤榮太郎		1936	昭和16年			일본문	인물	종교
108	근세 구라파식민사(近世歐羅巴植民史)	大川周明	慶應書房		1942	昭和17年			일본문	역사	식민
109	근세 물리학교과서(近世物理學教科書)	本多光太郎	東京開成館		1912	명치45			일본문	물리	교과서(일본)
110	근세 물리학교과서(近世物理學教科書)	木多光太郎	開成館		1906	明治38年			일본문	물리	교과서(일본)
111	근세구주발달사(近世歐洲發達史)	中村經一 譯	今日の問題出版		1944	昭和18年			일본문	역사	
112	근세일본국민사(近世日本國民史)제55권내외교섭편	蘇逢德富猪一郎	大日本株式會社		1967	昭和37年			일본문	역사	
113	근역유초(槿域游草)	久保得三	朝鮮總督府		1924	大正13年			한문	문학	
114	금강경	권상로 지	德興書林	1954	단기4287				국한문	종교	
115	금강반야바라밀경 강의	申耆天	德興書林		1954	단기4287			국문	종교	
116	금강삼매경·장엄보리심경	北凉失譯人名	臺灣印經處		1955	중화민국44			중국문	종교	

번호	자료명	저역자	출판정보	구성	출판연대	연호	장정	서지기타	문체	분야	기타
117	금강화신경 (金剛化身經)	崔東根	금강 인쇄소		1951				국한문	종교	
118	금궤옥함경 (金櫃玉函經) 권7~8				미상				중국문	의약	
119	금낭옥회호신 법		필사		미상	광복 이후			국한문	종교	
120	금목수화토 상괘 필사본	필사본			필사본				국문	종교	
121	금융조합론- 조선 서민금융 기관의 해부-	김우평	경성 종산사 발행		1933	소화8년			국한문	경제	
122	기국기속기 (其國其俗記)	木下杢太郎	岩波書店		1943	昭和17年			일본문	역사	
123	기독교 신학 개론(基督教 神學槪論)	桑田秀延	東京 長崎書店		1942	昭和16年			일본문	종교	
124	기독교사	윅커 원저, 奇怡富·柳 鎣基 共譯	新生社		1932	서문		판권 낙장	국한문	종교	
125	기문묘초 (奇問妙抄)	필사			미상				국한문	종교	점선
126	기사논설문례 (記事論說文 例) 하권	田中義兼 関 ·安田敬齋 著	前川善兵 衛		1880	明治12年			일본문	언어	교과 (일본 일본 문법
127	기사논설문례 (記事論說文 例)1	淇外 安田敬齋			1880	明治12年			일본문	교육	근대 일본 작문 (일문
128	길림지사 (吉林地史)	西野耕正	大和書店		1938	昭和12年			일본문	역사	식민
129	남방 개척자의 지표(南方 開拓者の指標)	古關德彌	東京 文憲堂		1943	昭和17年			일본문	정치	식민
130	남양 수렵 여행 (南洋狩獵の旅)	吉村九一	大日本 雄辯 會講談社		1944	昭和18年			일본문	문학	
131	남조선 (南朝鮮)	大西正道 編著	新讀書社		1959				일본문	정치	

번호	자료명	저역자	출판정보	구성	출판연대	연호	장정	서지기타	문체	분야	기타
132	노계가집 (蘆溪歌集)	朴仁老 原著, 申瑛澈 校註	정음사		1948	정음문고			국한문	문학	
133	노서아 제국 (露西亞帝國)	坂本健一	東京 博文館		1917	大正6年			일본문	역사	
134	노인문답 (텬쥬기도문)	서울감목 노바?	미상		1908			판권 낙장	국한문	종교	
135	농민 조합의 이론과 실제 (農民組合の理論と實際)	杉山元治郎	科學思想 普及會		1926	大正14年			일본문	계몽	
136	농민독본	배성룡	금융조합		1953				국문	계몽	
137	농민독본 (農民讀本)	이성환	조선 농민회		1931	소화5년			국한문	계몽	
138	농산어촌 진흥운동의 개요 (農山漁村振興運動の概要)	全羅南道	光州木山 印刷		1937	昭和11年			일본문	계몽	
139	농업공학 기술 용어집(農業工學 技術 用語輯)	대한 농업 토목학회	대한 농업 토목학회		1965				국한문	사전	
140	농업과 농민정신	조선 행정학회				소화16년		파본	국한문	계몽	
141	농촌 갱생의 지침(農村更生の指針)	朝鮮總督府	帝國地方 行政學會		1935	昭和9年			일본문	계몽	
142	농촌 지도자 필휴(農村指導者必携)	京畿道	山口 印刷所		1940	昭和14年			일본문	계몽	
143	농촌법률문제 (農村法律問題)	末弘嚴太郎	改造社		1928	昭和2年			일본문	계몽	
144	농촌생활의 전통(農村生活の傳統)	和田傳	新潮社		1944	昭和18年			일본문	계몽	
145	농촌생활의 탐구(農村生活の探求)	山口弥一郎	富民社		1960	소화33년			일본문	계몽	

번호	자료명	저역자	출판정보	구성	출판연대	연호	장정	서지기타	문체	분야	기타
146	능동실기 (陵洞實記)	朴泓九	回想社		1961	단기4294			한문	역사	전기(동권서
147	능동지(陵洞誌) 건								한문	지리	지(誌
148	능동지(陵洞誌) 곤(坤)	大同宗約所 編纂			1919	기미년 서문	석인		한문	지리	지(誌
149	능해 당화 주역 (周易)		미상		미상			표지 판권 낙장	국한문	종교	점상
150	단군교 부흥 경략(檀君敎 復興經略)	鄭鎭洪	啓新堂		1938	昭和12年			한문	종교	
151	당송팔가문 강의(唐宋八 家文 講義) 2		興文社		1920	大正9年			일본문	문학	
152	당시선 신주 (唐詩選新註)	玉椿莊主人 校註	東京 文陽堂· 大阪 松雲堂		1913	大正2年			일본문	문학	
153	당음(1)							목판 (한적)	한문	문학	
154	대동기년 권3	김병업 증보			1928 추정				한문	역사	
155	대동기년 권4	김병업 증보			1928 추정				한문	역사	
156	대동기문 (大東奇聞)	姜斅錫	漢陽書院		1928	昭和2年			국한문	역사	
157	대동명가호보 (大東名家號 譜) 상	金甯漢			1945				한문	인물	
158	대동명가호보 (大東名家號 譜) 하	金甯漢			1945				한문	인물	
159	대동사강(大 東史綱) 건곤	金洸 編次	대동사 강사	2책	1929			연활자	국한문	역사	
160	대마 민요집 (對馬 民謠集)	宗武志 編	第一書房		1935	昭和9年			일본문	예술	

번호	자료명	저역자	출판정보	구성	출판연대	연호	장정	서지기타	문체	분야	기타
161	대방광불화엄경소 초리합 (代房廣佛華嚴經疏鈔釐合)				미상			후대 영인본	한문	종교	음석 포함
162	대순철학 (大巡哲學)	李正立	대법사 편집국		1948	단기 4281			국한문	종교	
163	대승기신론소 (大乘起信論疏) 필삭기회편 권제4		복원본		미상				한문	종교	
164	대승기신론소 기회본(大乘起信論疏記會本) 권일	삼장진체 역, 해동사문 원효소병 별기			미상			후대 복원	한문	종교	
165	대일본제국사략(大日本帝國史略)	日韓書房編輯部 編纂	日韓書房		1913	大正2年			국한문	역사	교과서 (일제)
166	대정 증보 화역영사림 (和譯英辭林)	前田正毅 高橋良昭	大日本中外堂		1887				일본문	사전	1871년 판을 1910년 증보함
167	대정대학일람					소화10년			일본문	목록	
168	대학혹문 (大學或問)	김기홍 (金琪鴻)	재전서포 (在田書舖)	한적	1917	대정5년	목판		한문	철학	1917년 대구부에서 목판 발행 한적
169	대한지지 (大韓地誌)							목차 판권 낙장	국한문	지리	
170	데일긔셔 삼국지 (36~38회)	교유상본	보성사					표지 판권 낙장	국문	문학	
171	데일긔셔 삼국지 전집 삼권		미상		미상	일제추정			국문	문학	
172	데일긔셔 삼국지 전집 이권		미상		미상	일제추정			국문	문학	

번호	자료명	저역자	출판정보	구성	출판연대	연호	장정	서지기타	문체	분야	기타
173	데일긔셔 삼국지 전집 일권		미상		미상	일제추정		표지 판권 낙장	국문	문학	
174	데일긔셔 삼국지 후집 2권	高裕相	보성사 인쇄					판권 낙장	국문	문학	
175	데일긔셔 삼국지 후집 4	高裕相	普成社 印刷					판권 반 낙장	국문	문학	
176	데일긔셔 삼국지 후집 일권						표지 판권 낙장		국문	문학	
177	도덕 충렬 문장가(道德 忠烈文章歌)		유인본	광복 이후					국한문	문학	
178	도덕가 1	금강도사			1951				국한문	종교	
179	도덕가 2	금강도사			1951				국한문	종교	
180	도덕가 3	금강도사			1951				국한문	종교	
181	도덕가 4	금강도사			1951				국한문	종교	
182	도덕가 5	금강도사			1951				국한문	종교	
183	도덕가 7	금강도사			1951				국한문	종교	
184	도덕가 (道德歌) 10	금강도사			1951				국한문	종교	
185	도덕가 (道德歌) 8	금강도사			1951				국한문	종교	
186	도덕가 (道德歌) 9	금강도사			1951				국한문	종교	
187	도덕연원 (道德淵源)	金逌東 (김유동)	大東 普文社		1923	大正12年			국한문	인물	
188	도산12곡 (陶山十二曲)	유인본	유인본					유인본	국한문	문학	
189	도서 총목록 (圖書總目錄) 한성도서 주식회사	한성도서 주식회사	漢城圖書 株式會社		1935				국한문	목록	일제 강점 출판 목록

번호	자료명	저역자	출판 정보	구성	출판 연대	연호	장정	서지 기타	문체	분야	기타
190	도의진경(道義眞經) 안청불교지남 권하					민국 계유년		중국본	한문	종교	불교 (중국)
191	도천서원지 (道天書院誌)	이기윤 서, 여강 후인 이채원 발문			1964	갑진 서문			국한문	교육	지(誌)
192	독사차기 (讀史箚記) 元	張錫龍 서문 (융희2년)			미상			한적	한문	역사	
193	독습 일어정칙 (獨習 日語正則)	鄭雲復	廣學書舖		1906	광무11년			일선문	언어	교과서 (근대)
194	동경대전·룡담유사	禹在陽	上帝教 大本部		1949	제세주강 생 126년			국한문	종교	
195	동경여자고등 사범학교 부속 소학교 요람 (東京女子師 範學校 附屬 小 學校 要覽)	동경여자 사범학교	사단법인 아동교육 연구회		1934	昭和8年			일본문	교육	
196	동경잡기 (東京雜記) 1	성원묵			1845			한적 목판	한문	역사	지(誌)
197	동경잡기 (東京雜記) 2	성원묵			1845			한적	한문	역사	지(誌)
198	동경잡기 (東京雜記) 3	성원묵			1845			한적	한문	역사	지(誌)
199	동교연의 (東教衍義)	김성운	중앙 시천 교회본부		1916	대정4년			국한문	종교	겉표지 씌움
200	동국명장전 (東國名將傳)	이계 홍양호 저 (耳溪 洪良浩 著) ·현공렴 (玄公廉)	탑인사 (搭印社)		1906	광무11년	신식 활자		한문	인물	없음
201	동국명현언행 록(東國名賢 言行錄)	大聖學院	大聖學會		1928	昭和2年			한문	계몽	
202	동국전란사 (東國戰亂史)	姜義錫	漢陽書院		1929	소화3년			국한문	역사	
203	동국통감 1권 9	조선광문회			1911	명치44년			한문	역사	

번호	자료명	저역자	출판 정보	구성	출판 연대	연호	장정	서지 기타	문체	분야	기타
204	동명왕실기	張道斌	漢城圖書 株式會社		1921	大正10年			국한문	인물	
205	동몽필습 (童蒙必習)		중앙 출판사		1946				국한문	교육	
206	동방주의로 (東方主義へ)	室伏高信	平凡社		1929	昭和3年			일본문	정치	식ᄃ
207	동아교섭사론 (東亞交涉史 論)	아카야마 (秋山謙藏)	第一書房		1945	소화19년			일본문	역사	
208	동아문명의 여명(東亞文 明の黎明)	濱田靑陵	創元社		1943	昭和17年			일본문	정치	식ᄃ
209	동양사 연구법·새외 서역흥망사 (東洋史研究 法·塞外西域 興亡史)	中山久四郎	日本 文學社		1933	昭和7年			일본문	역사	
210	동양사정해 (東洋史精解)	박봉석 저	동문사		1952	단기4285			국한문	역사	
211	동양역사 (東洋歷史)	諏訪德太郎	東京 大修館 書店		1926	大正15年			일본문	역사	
212	동양철학사 (東洋哲學史) 상권	秋澤修二	白揚館		1947	昭和21年			일본문	철학	
213	동양학 문헌 유목(東洋學 文獻類目) 1940~1943년 도					1942	昭和16年 度版			일본문	목록	영인
214	동양학 이야기 (東洋學の話)	石濱純太郎	創元社		1944	昭和18年			일본문	역사	
215	동원세고 (東園世稿)	미상	미상	4권 1책	미상	일제 추정	한적 (노루 지)		한문	문집	최ᄉ 문ᄉ
216	동유감흥록	심복진	동창서옥 (東昌書屋)		1927	대정15년			국한문	문학	식 민 대 일 견학 쓴 ᄉ

번호	자료명	저역자	출판정보	구성	출판연대	연호	장정	서지기타	문체	분야	기타
217	동의수세보원(東醫壽世保元)	보급서관 편집부 편찬 金容俊	普及書館		1913	大正2年			한문	의약	
218	동호집(東湖集)	완산 유치명 서			미상			한적	한문	문집	
219	마르키시즘과 종교(マルキシズムと宗教)	渡邊勇助 譯	東京 內觀書房		1930	昭和4年			일본문	종교	
220	마방대요(麻方大要)권하	鄭在鎭	鴻文齋印刷所(군산부)		1939	昭和13年		연활자	한문	의약	
221	마상당음(1상)				미상			목판(한적)	한문	문학	
222	마상당음(2삼)				미상			목판(한적)	한문	문학	
223	마상당음(3)				미상			목판(한적)	한문	문학	
224	마상당음(5)				미상			목판(한적)	한문	문학	
225	만국사략(萬國史略) 3	田中義兼 編輯			미상			판권없음	일본문	역사	교과서(일본)
226	만국쥬일공과		미상		미상			판권낙장	국문	종교	
227	만년의 동향원수(晚年の東鄕元帥)	小笠原長生	改造社		1936	昭和9年			일본문	인물	식민
228	만몽을 새롭게 보자(滿蒙を新らしく見よ)	藤岡啓	東京 武關印刷所		1929	昭和3年			일본문	정치	식민
229	만성시보(萬姓詩譜)	伊藤卯三郎	京城 誠文社(만성시보사)		1920	大正9年		표지낙장	한문	문학	
230	만주근대변천사론(滿洲近代變遷史論)	梁村奇智城	朝鮮研究社		1942	昭和16年			일본문	역사	식민
231	만주문제(滿洲問題)	矢內原忠雄	岩波書店		1938	昭和12年			일본문	정치	식민

번호	자료명	저역자	출판정보	구성	출판연대	연호	장정	서지기타	문체	분야	기타
232	만지 인상기 (滿支印象記)	藤本實也 (후지모토 지츠야)	七丈書院		1944	昭和18年			일본문	문학	기하
233	맹자외서 (孟子外書)	宋桂憲	믿을집 (以文堂)		1923	大正12年			한문	철학	유현
234	면무식 (免無識)	미상		미상				표지 판권 낙장	국한문	계몽	파논
235	명륜가 (明倫歌)	우당 서재극 (徐載克) 저술	東光 印刷所		1936	昭和10年			국한문	문학	
236	명원산고 (溟源散稿)	金澤卿	江陵 京江 文化社		1962	단기 4295			국한문	문학	문저
237	명치 신선 광익 옥편 대 전 (明治 新選 廣益玉篇大全)	田中次郎	中村淺吉		1897	明治30년		일본 가로 제본	일본문	사전	
238	명치사십오년 행정정리 전말서	조선총독부			1912	명치45			일본문	정치	식민
239	명치유신사 (明治維新史)- 유물사관적 연구-	服部之總	東京 大鳳閣 書房		1930				일본문	역사	
240	명해 국사(國史)		서울 唯文社		1953	단기4286			국한문	역사	
241	모범 신구두 시문(模範新 口頭試問)		永昌書館		1940	昭和14年			일선문	교육	교과 (일저
242	몽고의 구주원정 (蒙古の歐洲遠征)	岩村忍	三省堂		1943	소화17년			일본문	역사	
243	몽어유훈 (蒙語類訓)	대계 이승희		미상				목판	한문	교육	
244	몽학언해 (蒙學諺解)		미상			일제 강점기 추정		판권 낙장 (구활자본)	국한문	교육	계몽 언해 이초

번호	자료명	저역자	출판정보	구성	출판연대	연호	장정	서지기타	문체	분야	기타
245	몽학지남 (蒙學指南)	南宮濬	조선복음 인쇄소, 唯一書館		1919	大正8年		표지~1 2쪽 낙장	국한문	계몽	
246	묘법연화경 서품 제일	소백두타 진호 안본석연 번역 (안진호)							국문	종교	1940년 대(107 쪽 이전 없음)
247	묘법연화경 (妙法蓮花經) 권7	미상	미상					복원본	한문	종교	
248	묘법연화경 (妙法蓮華經) 중권	溫陵 開原蓮寺 比丘 戒環 解 (安本辰浩 발행)	卍商會		1945	昭和19年			국한문	종교	
249	무선생 자해 속수 국어독본 (速修國語讀本)		경성 광익서포 (추정)		미상			판권 낙장	일선문	언어	일본어
250	무쌍 금옥척독 (金玉尺牘)	姜義永	永昌書館		1933	昭和7年			국한문	편지	
251	무안세적지 (務安世蹟誌)	나주 김우상 발문				정유년 편집			한문	역사	지(誌)
252	문부성 저작 심 상소학 산술 (尋常小學算術) 제5학년 아동 용 상	朝鮮總督府			미상	미상		74쪽 이하 낙장	일본문	수학	교과서 (일제)
253	문성잡지선집 (文星雜誌選 集) 제1책	蕭孟能	文星書店 (大北市)		1965	민국54년			중국문	문학	중국 잡지
254	문안지리		필사본		미상				국문	편지	
255	문양공 실기 (文襄公實記) 중간본	임인년 손대선			1962	임인년			한문	인물	
256	문예미문 서간집		삼중당		1949				국문	편지	판권 낙장
257	문자찬의 (文字續儀)1	宋杜道堅 撰	上海 中華書局			건륭45년		중국	한문	언어	

번호	자료명	저역자	출판정보	구성	출판연대	연호	장정	서지기타	문체	분야	기타
258	문자찬의 (文字纘儀)2	宋杜道堅 撰	上海 中華書局			건륭45년		중국	한문	언어	
259	문자찬의 (文字纘儀)3	宋杜道堅 撰	上海 中華書局			건륭45년		중국	한문	언어	
260	문장독본 (文章讀本)	谷崎潤一郎	中央 公論社		1942	昭和16年			일본문	교육	작문 교육
261	문장작법 (文章作法)	夏丏尊 劉薰宇 合編	上海 開明書店		1930	민국20년			중국문	언어	교육
262	문장지남 (文章指南)	필사본	필사본		미상				한문	교육	
263	문학사의 방법 (文學史의方法)	佐藤正彰 譯	白水社		1940	昭和14年			일본문	문학	번역
266	문학연구법 (文學硏究法)	桐城姚水樸	商務印 書館		1916	민국5년		당판본	중국문	문학	
264	문학연구법 (文學硏究法)	桐城姚水樸	商務印 書館		1916	민국5년		당판본	중국문	문학	
267	문학연구법 (文學硏究法)	桐城姚水樸	商務印 書館		1916	민국5년		당판본	중국문	문학	
265	문학연구법 (文學硏究法)	桐城姚水樸	商務印 書館		1916	민국5년		당판본	중국문	문학	
268	문헌보감 (文獻寶鑑) 권7		미상		미상				한문	목록	문헌
269	문헌보감권 (文獻寶鑑) 권2	미상	미상	묘갈 명 등	미상		한장		한문	목록	문헌
270	문헌보감권 (文獻寶鑑) 권5	미상	미상	묘갈 명 등	미상		한장		한문	목록	문헌
271	문헌보감권 (文獻寶鑑) 권6 상	미상	미상	묘갈 명 등	미상		한장		한문	목록	문헌
272	문헌편고 (文獻便考)	李章薰	新舊書林		1923	大正12年			한문	목록	문헌
273	문화와 기술 (文化と技術)	樺俊雄 (간바사시 오)	鮎書房		1944	昭和18年			일본문	역사	
274	물리생도 실험서 (物理生徒實 驗書)	野田貞	東京 開成館		1920	대정9년			일본문	물리	교과 (일부

번호	자료명	저역자	출판정보	구성	출판연대	연호	장정	서지기타	문체	분야	기타
275	미타경 후기 (문헌설명)	기타 자료			미상				한문	종교	
276	미타경 (彌陀經)	古只淨業弟子 正知 跋文			1896			금속활자 (한문)	한문	종교	무량수불설왕생 정토주(범어+국문)
277	민족독립투쟁사(民族獨立鬪爭史) 해외	民族運動研究所	與論社		1956	단기4289			국한문	역사	
278	민족심리와 문화의 유래 (民族心理と文化の由來)	好富正臣	實業之日本社		1923	大正11年			일본문	정치	식민
279	민주주의 국어교수법 강화(民主主義 國語教授法 講話)	이호성	문교사		1947				국한문	언어	국어
280	반만년 조선역사	현백당 (현채)	덕흥서림		1940	소화11년 (재판)			국한문	역사	초판은 1929년
281	반만년 조선역사	현채		권1, 권2				판권	국한문	역사	
282	발라티아 사람들의 서신(A COMMENTARY on ST.PAUL'S: Epistle to the Balatians)	Martin Luther	Smith, English & Co. Miller & Bulock		1860				영문	종교	
283	발해태조 (渤海太祖)	장도빈 (張道斌)	고려관 (高麗舘)		1927	대정15년	현대활자		국한문	인물	
284	배달조선정사 (正史)	申泰允 編	順天鮮華堂		1945	단기4278			국한문	역사	
285	백가회요 (百家會要) 리(利)	필사본		필사본	미상			필사본	한문	문학	
286	백가회요 (百家會要) 元	필사본			미상			필사본	한문	문학	
287	백가회요 (百家會要) 형(亨)	필사본		필사본	미상			필사본	한문	문학	

번호	자료명	저역자	출판정보	구성	출판연대	연호	장정	서지기타	문체	분야	기타
288	백례축집 (百禮祝輯)	李桓翼 增補			1964	甲辰 서문			한문	의례	
289	백중경				미상				한문	종교	
290	법학통론 (法學通論)	李相助	世界書林		1946				국한문	법학	교과서 (근대
291	베토벤의 제9교향곡	田中寬貞 譯	岩波書店		1924	大正13年			일본문	예술	
292	변정록 (辯政訂錄)	李在教	晉州 開文社		1942	昭和16年			한문	철학	
293	변증기문 (辨證奇問)		瑞成書局		1960	민국49			중국문	의약	
294	변증방약정전 (辨證方藥正傳)	李常和	杏林書院		1950	단기4253			국한문	의약	
295	변증방약합편 (辨證方藥合編)	李常和	보급서관		1928	소화2년			한문	의약	중복
296	병오년 제문 (丙午年 祭文)	필사			미상				국문	의례	
297	병자년 언간집 (병자 십이월)		필사본		1900	병자년			국문	편지	
298	보통 백과신대사전 (普通百科新大詞典) 辰集	昭文 黃人摩西 編輯				미상			중국문	사전	중국 백과 사전
299	보통사회 국어회화 (國語會話)	齋鐵恨 編著	國語 日報社		1959	민국48년			중국어	언어	중국 회화
300	보통학교 교원용 산술서(算術書) 권4	朝鮮總督府	조선 총독부 관방 총무국		1912	明治45年			국한문	수학	교과 (일제
301	보통학교 국사 (普通學校 國史) 권지일	朝鮮總督府	朝鮮 書籍印刷 株式會社		1938	昭和12年			일본문	역사	교과 (일제
302	보통학교 국사 (普通學校 國史) 하권(兒童用)	朝鮮總督府	朝鮮 書籍印刷 株式會社		1928	소화2년			일본문	역사	교과 (일제

번호	자료명	저역자	출판정보	구성	출판연대	연호	장정	서지기타	문체	분야	기타
303	보통학교 산술서 (普通學校 算術書) 3	朝鮮總督府	朝鮮書籍印刷株式會社		1923	大正12年			일본문	수학	교과서 (일제)
304	보통학교 산술서 (普通學校 算術書) 4	朝鮮總督府	朝鮮書籍印刷株式會社		1929	昭和3年			일본문	수학	교과서 (일제)
305	보호국론 (保護國論)	有賀長雄	早稻田大學 出版部		1907	明治39年			일본문	역사	식민론
306	북경 안내기 (北京 案内記)		北京新民印書館		1941	昭和16年			일본문	문학	기행
307	북경관화 지나어대해 (北京官話 支那語大海)	강의영	近澤印刷所·永昌書館		1939	昭和13年			중국문	언어	
308	북만철도연선에서의 전기사업개황(北滿鐵道沿線に於ける 電氣事業槪況)	滿洲電業股份有限公司調査課			1938	昭和11年			일본문	정치	식민
309	불교독본 (佛敎讀本)	미상	미상	미상		광복이후			국한문	종교	
310	불교설화전집 (佛敎說話全集) 제1권	洪永義 編著	韓國佛敎文化社		1962				국문	문학	불교
311	불교의 십계에서 기독교의 십계로 (佛敎の十戒より基督敎の十戒へ)	道簇泰誠	求道舍出版部		1934	昭和8年			일본문	종교	기독교 우월 총서
312	불란서 시집 (佛蘭西詩集)	村上菊一郎 (무라카미유쿠이치로)	靑磁社		1944	昭和18年			일본문	문학	번역
313	불법연구 근행법 (勤行法)	金山泰治	불교시보사		1944	소화18			국한문	종교	
314	불설당산경 (필사)			미상					한문	종교	

번호	자료명	저역자	출판정보	구성	출판연대	연호	장정	서지기타	문체	분야	기타
315	불설제왕정 (필사)		필사본		미상	기묘년			국문	종교	
316	불성아미타경	姜在喜	姜寅永		1913	大正2年		수진본	국문	종교	
317	불우헌집	정팔성 중간	정씨 서륜당		1969				한문	문학	정래등 연락
318	비서삼종 (秘書三種)	高敬琢	京城 盛文堂		1921	大正10年			국한문	철학	사상
319	비점주해 시학운총 (詩學韻叢) 지나시 권3~4	미상			미상				한문	문학	한시
320	빅 레코드 총목록 (總目錄)		日本ビクタ蓄音機 株式會社		1935	昭和9年			일본문	목록	레코드 목록
321	사례전고집략 (史禮典故輯略)	융희원년 후 병신년 서문, 濟州 高東潤			미상	광복 후 제주 발행 추정			국한문	역사	교과서 (근대 출판 현대
322	사례축식 (四禮祝式)	미상			미상	갑인구월	목판		한문	의례	
323	사민필지	헐버트			1909				국문	지리	근대 교과 (표지 낙장
324	사범학교 농업교과서 (農業教科書) 상권	佐藤寛次	東京 六盟館		1927	대정15년			일본문	농업	교과 (일본
325	사범학교용 동양사교과서 (東洋史教科書)				1925	대정14년 서문		표지 판권 낙장	일본문	역사	교과 (일본
326	사회과학 대사전 (社會科學大辭典)	李錫台	文友印 書館		1948				국한문	사전	
327	산대도감극 (山臺都監劇)	강윤호	서울대 사범대 국어 국문과 연구실		1950	단기4283		경필 유인본	국한문	문학	

번호	자료명	저역자	출판정보	구성	출판연대	연호	장정	서지기타	문체	분야	기타
328	삼국유사 (三國遺事)	사서연역회	고려 문화사		1948				국한문	역사	
329	삼대 수양론 (三大修養論)	쓴 섈랏기 원저, 朴埈杓 번역	京城 太華書館		1923	大正12年			국한문	계몽	
330	삼역대경(三 易大經) 부 가사(歌詞)	이용의 (李容儀)	시천교 성리 수양원		1936	소화10년	한장	유인	국한문	종교	
331	삼우당 문선생 어사철권 (御賜鐵券)	文基洪	濟世堂 藥房		1934	昭和8年			한문	문집	
332	삼은합고 (三隱合稿)				1960	경술년 당성 홍직필 서문			한문	문집	
333	상감령	류주국	민족 출판사 (연변)		1954				국문	문학	
334	상밀주해 금강경	백용성	삼장역회		1938	昭和12年			국한문	종교	
335	상변고주합편 (常變告祝合編)	이병호	이병호방		1938	昭和12年			한문	의례	중복본
336	상변고축합편 (常變告祝合編)	李炳浩	李炳浩方		1938	昭和12年			한문	의례	
337	상식 국사 (常識國史)	申鼎言	啓明 俱樂部		1945	단기4278			국한문	역사	
338	상식 조선역사 (常識 朝鮮歷 史)-소년역사 독본 개제	문일평	조광사		1948				국한문	역사	
339	상식독본 (常識讀本)	서울중앙방 송국 宋永浩	弘文書館		1947				국한문	계몽	
340	상해 흥업지남 (上海興業指 南) 하편				미상			표지 ~5쪽, 판권 낙장	국한문	계몽	
341	샘(취미의 국어)	조희관	향도 출판사		1952				국문	계몽	국어
342	생리해부도설 (生理解剖圖說)		소엽산방 (掃葉山房)		미상	(1900년 대 추정)			중국문	생리	

번호	자료명	저역자	출판정보	구성	출판연대	연호	장정	서지기타	문체	분야	기타
343	서기독본(書記讀本) 제3집 호적	사법성 조사부			1942	昭和16年			일본문	정치	식민
344	서법진결 (書法眞訣)					대정을묘			국한문	언어	중복
345	서법진결 (書法眞訣)	金圭鎭	新文館 인쇄, 滙東書館	김윤식 서문	1916	대정4년			국한문	언어	
346	서산군 유림대회 강연록	강사 嵋山 安寅植			1940	昭和14年			국한문	계몽	
347	서상기				1904	발문 (대한 광무8년)		표지~4쪽 낙장	국한문	문학	표지 4쪽 낙장
348	서양사 개론 (西洋史槪論)	金聲近	正音社		1953				국한문	역사	
349	석문의범 (釋門儀範) 상권	권상로 (퇴경상로) 서문						표지 판권 낙장	국한문	종교	일 추
350	석자권선여의 보록(惜字勸善如意寶錄)	지석영 편집	新文館		1912	명치45			한문	종교	도 28 판 낙
351	석존물어 (釋尊物語)	曾禰繁丸	東京 春江堂		1928	昭和2年			일본문	종교	
352	선군유사	허재영 자료집 (이병창 서첩)	박이정		2004		필사본		국문	여성	
353	선로가 (善路歌)		필사					필사	한문	문학	
354	선부초평(選賦抄評) 권4~5	미상	미상		미상			목판?	한문	문학	
355	선비유사	허재영 자료집 (이병창 서첩)	박이정		2004		필사본		국문	여성	
356	선원선계 (璿源先系)	李興敏 奉		단권		정묘 삼월	한적		한문	역사	전 이 계

48

번호	자료명	저역자	출판정보	구성	출판연대	연호	장정	서지기타	문체	분야	기타
357	선한 약물학 (鮮韓 藥物學)	李泰浩	杏林書院		1932	소화6년	양장		국한문	의약	
358	성경사화대집 (聖經史話大集)	米國 촬쓰포스터 원저, 조선 金弼禮 飜譯	조선 기독교 서회		1941	소화15년			국문	종교	사화
359	성경십강 (聖經十講)	柳瀅基	總理院 教育局		1932	昭和6年			국한문	종교	
360	성교감략 권하				미상	1900년 초 추정		연활자	국문	종교	
361	성덕명심 도덕경 (聖德明心道 德經)	미상			미상	광복 이후 추정			국한문	종교	
362	성리수재합편 (性理修齋合編)		대동 인서관 (봉천)			대동2년			중국문	종교	
363	성신지장 (誠身指掌)	恒理博 牧師 (헨리 포터)	上海 美華書館		1904				중국문	생리	
364	성암유고 (性庵遺稿) 하							한적 목판	한문	문집	
365	성유기				미상				한문	철학	
366	성탄서 (聖嘆書) 상권	필사본	필사본		미상			필사	한문	문학	
367	성탄서 (聖嘆書) 하권	필사본	필사본					필사	한문	문학	
368	성화(聖火) 제2권 제10호		京城 聖火社		1936				국한문	잡지	종교
369	성화(聖火) 제3호 제6호		京城 聖火社		1937				국한문	잡지	종교
370	세계 공산주의 역사	朴浚圭	중앙 문화사		1957	단기 4290			국한문	철학	역사
371	세계(世界)의 희망(希望)	禹國華	時兆社		1933	昭和7年			국한문	계몽	
372	세계문학사 (世界文學史)	洪雄善	研究社		1953	단기 4286			국한문	문학	

번호	자료명	저역자	출판정보	구성	출판연대	연호	장정	서지기타	문체	분야	기타
373	세계통일 주일공과	대한기독교 연합회	대한 기독교 서회		1955				국문	종교	
374	세재 선배의 소지	미상	미상		미상			필사	국한문	편지	필사
375	소비에트 러시아의 지식 (ソヴェト·ロシアの知識)		非汎社		1934				일본문	정치	러시
376	소학 수신서 (小學 修身書) 3	木尸麟 編	東京 原亮三郎		1881	明治14年			일본문	교육	교과 (일)
377	소학 이과신서 (小學理科新書) 갑종 권1	學海指針社 編輯	輯英堂		1892	明治25年			일본문	교육	교과 (일)
378	소학 이과신서 (小學理科新書) 갑종 권2	學海指針社 編輯	輯英堂		1892	明治25年			일본문	교육	교과 (일)
379	소학 이과신서 (小學理科新書) 갑종 권3	學海指針社 編輯	輯英堂		1892	明治25年			일본문	교육	교과 (일)
380	소학 일본역사 (小學 日本歷史) 3	문부성	日本書籍 株式會社		1904년	明治37年			일본문	역사	교과 (일)
381	소학교 아동필휴 (小學校兒童必携) 乙編	攝津 塩川豊翠館 編輯部	豊翠館			明治36年			일본문	교육	소학 서식
382	소학교용 일본역사 외편(日本歷史 外篇) 제일	金港堂 書籍株式會社 編輯所	金港堂		1894	明治27年			일본문	역사	교과 (일)
383	소학교용 일본외사 외편 (日本外史) 제1	原亮三朗	金港堂		1895	明治27年			일본문	역사	교과 (일)
384	소학교용 일본외사 외편 (日本外史) 제2	原亮三朗	金港堂		1895	明治27年			일본문	역사	교과 (일)

번호	자료명	저역자	출판정보	구성	출판연대	연호	장정	서지기타	문체	분야	기타
385	소학교용·일본지리(日本地理) 갑종 제일	金港堂書籍株式會社 編輯	金港堂			明治27年檢定			일본문	지리	교과서(일본)
386	소학국사 회도(小學國史繪圖) 하권(제6학년용)		東京學習社		1932	昭和6年			일본문	역사	교과서(일본)
388	소학독본(小學讀本) 권1	文部省 編纂田中義廉 編輯那珂通高 校正	三重縣飜刻		1874	明治7年			일본문	교육	교과서(일본)
390	소학독본(小學讀本) 권2 下	竹下權次郎	東京中島精一		1887	明治19年			일본문	교육	교과서(일본)
389	소학독본(小學讀本) 권2	田中義廉編輯, 那珂通高 訂正	愛知縣鬼頭平兵衛 飜刻		1882	明治15年			일본문	교육	교과서(일본)
391	소학독본(小學讀本) 권3 下	竹下權次郎	東京中島精一		1887	明治19年			일본문	교육	교과서(일본)
393	소학독본(小學讀本) 권4	文部省 編纂	三重縣下桂雲堂飜刻		1874	明治7年			일본문	교육	교과서(일본)
392	소학독본(小學讀本) 권4	文部省	名古屋書林		1874	明治7年		鬼頭文泉堂飜刻	일본문	교육	교과서(일본)
395	소학독본(小學讀本) 권5	文部省 編纂	三重縣下桂雲堂飜刻		1874	明治7年			일본문	교육	교과서(일본)
394	소학독본(小學讀本) 권5	文部省, 那珂通高·稻垣千賴 撰	文部省		1874	明治7年		新潟縣學校用	일본문	교육	교과서(일본)
387	소학독본(小學讀本)	사범학교 편집·田中義廉 編輯, 那珂通高 校訂	文部省		1874	明治7年			일본문	교육	교과서(일본)

번호	자료명	저역자	출판정보	구성	출판연대	연호	장정	서지기타	문체	분야	기타
396	소학생 작문모범 (小學生 作文模範)	曾文强	上海 中央書店		1944	민국34년			중국문	교육	작문 교육
397	소학속편 (小學續篇)		金炳澤 刊行		1955	乙未年		석판	한문	교육	
398	소학집주 외편 (小學集註外篇)	李鍾楨	滙東書館, 新舊書林		1917	대정6년			국한문	철학	儒學
399	소화 신국사 (昭和新國史)	中村孝也	帝國書院		1938	昭和11年			일본문	역사	교과 (일본
400	소화13년도 편 일본대학 학칙 제요 (日本大學 學則 提要)		東京 日本大學		1939	昭和13年			일본문	교육	일본 학 학
401	소화국민독본								일본문	계몽	식단
402	속성 조선어독본	충청남도			1932	소화6년		낙장본	국한문	계몽	
403	속수 국어독본 (速修國語讀本)	永昌書館 編纂	영창서관		1944	소화18년			일선문	언어	교과 (일 사호
404	속수 성적도 후학록(續修 聖蹟圖後學錄)	월성 김정목 서문				정사년			한문	철학	儒學
405	속수 한어자통 (速修漢語自通)	宋憲奭	博文書館		미상			판권 낙장	중국어	언어	중국
406	속수국어독본 (速修國語讀本)	(조선 총독부 추정)						표지 판권 낙장	일선문	언어	일본
407	속수자해 국어독본 (速修自解 國語讀本)	박중화 (朴重華)	박문서관		1928	昭和2年			일선문	언어	일본
408	송	필사본			미상				국문	편지	
409	송서습유 (宋書拾遺) 2				미상			한적	한문	계몽	
410	송서습유 (宋書拾遺) 3				미상			한적	한문	계몽	

번호	자료명	저역자	출판 정보	구성	출판 연대	연호	장정	서지 기타	문체	분야	기타
411	송서습유 (宋書拾遺) 4				미상			한적	한문	계몽	
412	송서습유 (宋書拾遺) 권1							한적	한문	문집	
413	수도전서 초정 (修道全書 初程)	京城 侍天敎藏版 ·權秉悳	侍天敎堂		1913	大正2年			국한문	종교	
414	수신서(修身 書) 1 嘉言篇	京都府 學務課 編輯	湯上市兵 衛 製本		1884	明治17年			일본문	교육	교과서 (일본)
415	수원시화 (隨園詩話) 2							당판본	한문	문학	낙질
416	수학(數學) 4 제일류 (第一類)	中等學校 敎科書 株式會社	中等學校 敎科書 株式會社		1945	昭和19年			일본문	수학	교과서 (일본)
417	수학사 총화 (數學史叢話) 3	三上義夫	東京 共立社		1934	昭和8年			일본문	수학	
418	수호지 (水滸志) 권4		永昌書館		1930	昭和4年			국한문	문학	
419	숙인 창녕조씨 실기(淑人 昌寧曹氏實記)	유화종	유화종가		1939	소화12년			한문	여성	
420	순리 경제학 (純理經濟學)	小林丑三郎 講述	明治大學 出版部			판권 낙장			일본문	경제	
421	숫자 조선 연구 (數字朝鮮研究)	李如星· 金世鎔	世光社		1935				국한문	잡지	
422	숭덕전 통사 (崇德殿通史)1					신라기원 2021			국한문	역사	지(誌)
423	숭덕전 통사 (崇德殿通史)2					신라기원 2021			국한문	역사	지(誌)
424	쉐스피어 초화집 (抄話集)	全炯國 譯	同心社		1947				국한문	문학	번역
425	슈락산 덕사 개간 미타경	양쥬 슈락산 덕스 기간			1872 (추정)	동치신미			국문	종교	
426	시간독 (時簡牘) (필사)	미상	미상					필사본	한문	편지	

번호	자료명	저역자	출판정보	구성	출판연대	연호	장정	서지기타	문체	분야	기타
427	시국과 농기구 (時局と農機具)	富山縣			1940	昭和14年			일본문	농업	
428	시문독본 (임술판)	최남선	신문관		1923	대정11년			국한문	계몽	
429	시문선요 (詩文選要) 권3~4				미상			한적	한문	문학	
430	시베리아 제민족의 샤만교(シベリア諸民族のシーヤマン教)	ニオラツツェ, 牧野弘一 譯	生活社		1944	昭和18年			일본문	종교	번역 어라 츠0 독일
431	시의경교	권병덕	시천교총부		1916	대정4년			국한문	종교	
432	시천교 역사 (侍天教 歷史)	崔琉鉉	侍天教總部		1920	大正9年		신활자	한문	종교	
433	시천교전 (侍天教典)	崔琉鉉	시천교총부		1917	大正5年			한문	종교	
434	시천록 (侍闡錄)	李源永	大東印刷所		1935	昭和9年			한문	종교	
435	시행간례휘찬 (時行簡禮彙纂)				1914			판권필사	한문	의례	
436	식민정책 (植民政策)	加田哲二	다이아몬드 出版社		1941	昭和15年			일본문	정치	식[
437	신교 방약합편 (方藥合編)		德興書林		1950	단기4283			한문	의약	
438	신도양 선생전 (新島襄先生傳) 니시마 조	미상	미상		1903	明治23年 서문, 明治36년 개판		판권낙장	일본문	인물	
439	신동양사 (新東洋史)	鳥山喜一	帝國書院		1928	昭和2年			일본문	역사	교교 (일
440	신명사훈찬 (新名詞訓纂)	周商夫	上海 掃葉山房		1911				중국문	사전	
441	신문독본 (新文讀本) 상권	오억	계명사 (啓明舍)		1930	소화4년			국한문	계몽	
442	신법률 (新法律)	韓國大審院 編纂	日韓印刷 株式會社		1912	明治45年			국한문	종교	

번호	자료명	저역자	출판정보	구성	출판연대	연호	장정	서지기타	문체	분야	기타
443	신수 실업 제국소사				1940				일본문	교육	
444	신수실업 제국소사 (新修實業帝國小史)	井野邊茂雄	中文館 書店		1940	昭和13年			일본문	역사	교과서 (일본)
445	신수실업 제국소사 (帝國小史)	井野邊茂	中等學校 教科書 株式會社		1940	昭和16年			일본문	역사	교과서 (일본)
446	신시작법강의 (新詩作法講義)	孫俍工 編	商務印 書館		1925	민국14년			중국문	문학	
447	신안서원지 (新安書院誌)				1967	丁未三月 序			한문	교육	서원지
448	신약문학개론	유형기	총리원 교육국		1938	소화12년			국한문	종교	
449	신약전서		대영 성서공회		1933				국문	종교	
450	신약총론	河鯉泳· 劉敬相 共譯	監理教協 成神學校		1918	大正7年			국한문	종교	
451	신어 신지식 (新語新知識)	淵田忠良	東京 大日本 雄辯會 講談社		1936	소화9년			일본문	교육	
452	신역주해 소아의방 (小兒醫方)	崔圭憲 원저, 杏林書院 編輯部 역주	杏林書院		1938	昭和12年			국한문	의약	
453	신영화중사전 (新英和中辭典)	岡倉由三郎 編	研究社		1936	昭和10年			일본문	사전	소화4 년 재판
454	신의학 요감 (新醫學要鑑) 제9개정 증보판		杏林書院		1930	昭和4年			국한문	의약	
455	신인철학 (新人哲學)	이돈화	천도교 중앙종리 원신도관		1933	소화6년			국한문	종교	
456	신자전 (新字典)	경성 신문관 (新文舘) 최남선	신문관		1929	소화3년			국한문	사전	

번호	자료명	저역자	출판정보	구성	출판연대	연호	장정	서지기타	문체	분야	기타
457	신자전 (新字典)	朱祖謀	商務印書館		1911	민국원년			중국문	사전	
458	신정 여자물리학 (女子物理學)		大阪 三省堂		1933	소화8년			일본문	물리	교과 (일ᄂ
459	신정 여자화학 (女子化學)		大阪 三省堂		1932	소화7년			일본문	화학	교과 (일ᄂ
460	신정 의례편람 (儀禮便覽)	全羅北道	鮮光印刷 株式會社		1936	昭和10年			국한문	의례	
461	신정 척독전서 (尺牘全書)		미상					표지 판권 낙장	국한문	편지	
462	신정산술 (1)				미상			판권 낙장	국한문	수학	근대 과ᄉ
463	신제 박물통론 (博物通論)	飯塚啓	東京 富山房		1922	대정11년			일본문	교육	교과 (일ᄂ
464	신찬 보통교육학	김상연	右文館		1908	융희2년			국한문	교육	교과 (근ᄃ
465	신찬 소박물학 (新撰 小博物學)	柳星濬	同文館		1906	광무11년	양장		국한문	교육	교과 (근ᄃ
466	신찬실용 산법신서(算 法新書) 하권	松井惟利 編	目黒十郎 본점 金支店		1890	明治23年			일본문	수학	교과 (일ᄂ
467	신편 제국독본 (新編帝國讀 本) 권1 고등과	學海指針社	集英堂 活版所		1899	明治32年			일본문	교육	교과 (일ᄂ
468	신편 제국독본 (新編帝國讀 本) 권2 고등과	學海指針社	集英堂 活版所		1899	明治32年			일본문	교육	교과 (일ᄂ
469	신편 제국독본 (新編帝國讀 本) 권3 고등과	學海指針社	集英堂 活版所		1899	明治32年			일본문	교육	교과 (일ᄂ
470	신편화학 (新編化學)	安衡中 譯述	普成館		1907	융희원년			국한문	화학	교과 (근ᄃ
471	실수요약 교회사 (教會史)	김명흠·김 복덕 공편			미상				국한문	종교	노트 리능

번호	자료명	저역자	출판정보	구성	출판연대	연호	장정	서지기타	문체	분야	기타
472	실지응용 최면술독본 (催眠術讀本)	東京 精神研究會 朝鮮支部	京城 東洋 大學堂		1924	大正13年			국한문	계몽	
473	심상소학 국사 보통교재 (尋常小學 國史普通教材) 2	朝鮮總督府 編纂			1921	大正10年			일본문	역사	교과서 (일제)
474	심상소학 국사부도 (尋常小學 國史附圖) 제5학년용	歷史研究會	田中宋榮堂		1926	大正14年			일본문	역사	교과서 (일본)
475	심상소학 산술서 (尋常小學 算術書) 5	文部省	大阪書籍 株式會社		1928	昭和2年			일본문	수학	교과서 (일본)
476	심상소학 산술서 (尋常小學 算術書) 제5학년	文部省	日本書籍 株式會社		1921	대정9년			일본문	수학	교과서 (일본)
477	심상소학 산술서 (尋常小學 算術書) 제6학년	文部省	大阪書籍 株式會社		1933	昭和7年			일본문	수학	교과서 (일본)
478	심학문맹진화 (心學文盲眞話)	大心如空 居士 長瀨彦太朗	木村 天眞堂		1908	明治40年			일본문	종교	
479	십구세기 구주문명 진화론 (十九世紀 歐洲文明進化論)	이채우 (李採雨)	우문관 (右文舘)		1908	융희2년	신식 활자		국한문	철학	없음
480	십팔사략 독학 자재(十八史 略獨學自在) 권1	南州外史			1882	明治25年			일본문	역사	

번호	자료명	저역자	출판정보	구성	출판연대	연호	장정	서지기타	문체	분야	기타
481	십팔사략 독학자재 (十八史略獨學自在) 2	曾先之 編次, 日本伊豫 近藤南州 訓譯			1900년 대 추정	미상			일본문	역사	교과서 (일본
482	십팔사략 독학자재 (十八史略獨學自在) 4	曾先之 編次, 日本伊豫 近藤南州 訓譯			1900년 대 추정	미상			일본문	역사	교과서 (일본
483	십팔사략 독학자재 (十八史略獨學自在) 6	曾先之 編次, 日本伊豫 近藤南州 訓譯			1900년 대 추정	미상			일본문	역사	교과서 (일본
484	십팔사략강의 (十八史略講義)	曾先之 原著, 太田百祥 講義	東京 同盟書屋		1894	明治26年			일본문	역사	
485	아동의 신생활 (兒童的新生活)	麥威爾 原著	南洋時兆 報館 (星洲, 말레이시아)						중국문	계몽	
486	아버님 춘원	이정화	광영사		1956				국한문	인물	
487	아이들독본		相互 出版社		1946				국문	교육	
488	아희원람 (兒戲原覽)	梁珍泰	夛佳書舖 (다가서포)		1914	大正3年		목판	한문	교육	
489	아희원람 (兒戲原覽)	장혼			미상			목판	한문	교육	
490	악의의 지혜 (惡意の智慧)	니체 저, 阿部六郎 譯	東京 創元社		1939	昭和14年			일본문	문학	번역
491	안습제학안 (顏習齋學案)	중앙 문물공응사	중앙 문물 공응사		1955	중화민국 44			중국문	교육	중국
492	압록강 (鴨綠江)	則武三雄	第一 出版協會		1944	소화18년			일본문	문학	
493	애송시조집 (百首集)	김안서 선, 조병덕 선생 화	숭문사		1948	4281			국한문	문학	
494	약국편람 (藥局便覽)	河合龜太郎	共立社		1937	昭和11年			일본문	의약	
495	약물학 (藥物學)	森島庫太	南江堂 書店		1912	明治45年			일본문	의약	

번호	자료명	저역자	출판정보	구성	출판연대	연호	장정	서지기타	문체	분야	기타
496	약진 지나를 진단하다(躍進支那を診る)	神田正雄	海外社		1938	昭和12年			일본문	정치	식민
497	양극탐험기 (兩極探險記)	南淮元 (남연원) 서문	미상		1923	서문		표지 관권 낙장	국한문	문학	기행
498	양현전심록 (兩賢傳心錄) 권3		필사						한문	인물	
499	어록해 (語錄解)	필사			필사				한문	언어	문자
500	어머니독본	김상덕 (金相德)	동심원		1940	소화16년			국한문	여성	
501	어제수리정온 (御製數理精蘊) 4		서문루 (상해)		1911	(원전 1723)			한문	수학	
502	어제수리정온 (御製數理精蘊) 6		서문루 (상해)		1911	(원전 1723)			한문	수학	
503	어제수리정온 (御製數理精蘊) 7		서문루 (상해)		1911	(원전 1723)			한문	수학	
504	어제수리정온 (御製數理精蘊) 권1(팔선표)		서문루 (상해)	1911	(원전 1723)				한문	수학	
505	어제수리정온 (御製數理精蘊) 권2		서문루 (상해)	1911	(원전 1723)				한문	수학	
506	어제수리정온 (御製數理精蘊) 권3 (대수천미설)		서문루 (상해)	1911	(원전 1723)				한문	수학	
507	어제수리정온 (御製數理精蘊) 권4		서문루 (상해)	1911	(원전 1723)				한문	수학	
508	어제수리정온 (御製數理精蘊) 권6		서문루 (상해)		1911				한문	수학	

번호	자료명	저역자	출판정보	구성	출판연대	연호	장정	서지기타	문체	분야	기타
509	어제수리정온 (御製數理精蘊) 권7		서문루 (상해)	1911	(원전 1723)				한문	수학	
510	어제수리정온 (御製數理精蘊) 권7		서문루 (상해)	1911	(원전 1723)				한문	수학	
511	어제수리정온 (御製數理精蘊) 대수표		서문루 (상해)	1911	(원전 1723)				한문	수학	
512	어제수리정온 (御製數理精蘊) 상권 1		서문루 (상해)	1911	(원전 1723)				한문	수학	
513	어제수리정온 (御製數理精蘊) 표 권1		서문루 (상해)	1911	(원전 1723)				한문	수학	
514	어제수리정온 (御製數理精蘊) 표5		서문루 (상해)	1911	(원전 1723)				한문	수학	
515	어제수리정온 (御製數理精蘊) 하 권		서문루 (상해)		1911				한문	수학	
516	어제수리정온 (御製數理精蘊) 하 권10		서문루 (상해)		1911				한문	수학	
517	어제수리정온 (御製數理精蘊) 하 권18		서문루 (상해)		1911				한문	수학	
518	어제수리정온 (御製數理精蘊) 하 권31		서문루 (상해)		1911				한문	수학	
519	어제수리정온 (御製數理精蘊) 하 권8		서문루 (상해)		1911				한문	수학	
520	어제수리정온 (御製數理精蘊) 하편 권1		중국 (당판)	1911	(원전 1723)				한문	수학	
521	어제수리정온 (御製數理精蘊) 하편 권24		서문루 (상해)	1911	(원전 1723)				한문	수학	

번호	자료명	저역자	출판정보	구성	출판연대	연호	장정	서지기타	문체	분야	기타
522	언문번역 묘법연화경	玄瑞鳳	平壤府 永盛商店		1934	昭和8年			국문	종교	15, 35쪽 낙장
523	언토 유문초습 (幼文初習)	盧益亨	博文書館		1917년	대정6년			국한문	교육	
524	언해(言海)	大槻文彦	林平書店		1937	소화10년			일본문	사전	
525	여자교육사	사쿠라 (櫻井 役)	增進堂		1944	昭和18年			일본문	여성	
526	여자의 사친가		필사					필사	국문	여성	문학
527	여자초학	성병희 민간계녀서 에서	형설 출판사		1980		번역본		국문	여성	있음
528	역대 조선문학 정화(歷代 朝鮮文學精華) 상권	경성대학 교수 李熙昇	博文書館		1949	단기4282			국한문	문학	
529	역조 명원시가 (歷朝名媛詩詞)		上海 掃葉山房			(건륭 계사 사월)	당판본		한문	여성	문학 (중국)
530	연길귀감 (涓吉龜鑑)	남원상			1867	丁卯年		연활자본	한문	철학	길흉 화복 역법서
531	연려실기술 1~3	崔南善	朝鮮 光文會		1912	明治45年			한문	역사	
532	연려실기술 10~11	崔南善	朝鮮 光文會		1912	明治45年			한문	역사	
533	연려실기술 13~15	崔南善	朝鮮 光文會		1912	明治45年			한문	역사	
534	연려실기술 16~18	崔南善	朝鮮 光文會		1912	明治45年			한문	역사	
535	연려실기술 19~21	崔南善	朝鮮 光文會		1912	明治45年			한문	역사	
536	연려실기술 4~6	崔南善	朝鮮 光文會		1912	明治45年			한문	역사	
537	연려실기술 7~9	崔南善	朝鮮 光文會		1912	明治45年			한문	역사	
538	연애시 독본 (戀愛詩 讀本)	成田一夫 譯	日本書莊		1938	昭和11年			일본문	문학	

번호	자료명	저역자	출판정보	구성	출판연대	연호	장정	서지기타	문체	분야	기타
539	열녀전 (列女傳)		미상		미상			판권 미상 석인본	중국문	여성	중국 고전
540	열성어제 (列聖御製)	河應逵 (하응규)	朝鮮圖書 株式會社		1928	昭和2年			한문	문학	
541	염불경 (念佛經)	최동근	금강 인쇄소		1951				국한문	종교	
542	영국사(英國 史) 하권	水野成夫 和田顯太郎 淺野晃 共譯	白水社		1940	昭和14年			일본문	역사	번역
543	영남 삼강록 (嶺南三剛錄) 10				미상			한적 (언해체)	국한문	여성	효열
544	영남 삼강록 (嶺南三綱錄) 3 효자			5~ 6권 1책				언해본	국한문	인물	
545	영남 삼강록 (嶺南三綱錄) 5 효자			9~ 10권 1책				언해본	국한문	인물	
546	영남 삼강록 (嶺南三剛錄) 9				미상			한적 (언해체)	국한문	여성	효열
547	영주지 (瀛洲誌) 1~2	숭정기원 후 무인 양주 조득경 서			미상				한문	역사	지(誌)
548	영주지 (瀛洲誌) 3~4	숭정기원 후 무인 양주 조득경 서			미상				한문	역사	지(誌)
549	영첨(靈籤)	최동근	금강인쇄 소		1951				국한문	종교	
550	영평초조학도 용심집(永平 初祖學道用心 集)		京都書舖 出雲寺 藏版		1888	明治19年			한문	종교	일본 불교
551	영화 대조 신약전서 (英和對照 新約全書)		大英國 北英國 聖書會社		1914				영일문	종교	
552	영환지략 (瀛環志略) 권3		미상		미상			중국본	한문	지리	

번호	자료명	저역자	출판정보	구성	출판연대	연호	장정	서지기타	문체	분야	기타
553	예언의 본질과 진전	金仁泳	주식회사 기독교 창문사		1933	昭和7年			국한문	종교	
554	오륜가 (五倫歌) 黃井圃坌 尊性齋藏版	李仁矩	鳳陽精舍		1932	昭和6年			국문	문학	
555	오백년 기담 일화 (五百年奇譚逸話)	김화진 (金和鎭)	동국 문화사		1959	단기4292			국한문	문학	사화
556	오백년 기담 (五百年奇談)	崔東洲 편집 겸 발행	新舊書林		1919	大正8年			국한문	문학	
557	오천년 사화집				1946	서문 연대		판권 낙장	국한문	문학	역사
558	오천년 조선역사 (전) - 원명 동방역사	회동서관 편집부 (고유상)	滙東書館		1931	昭和5年			국한문	역사	현 채본 을 재발 행한 것
559	오행편		필사	필사					국문	철학	
560	옥루몽 삼		永昌書館		1934	昭和8年			국문	문학	
561	옥루몽 이		永昌書館		1934	昭和8年			국문	문학	
562	옥루몽 일		永昌書館		1934	昭和8年			국문	문학	
563	옥봉집 상				1847				한문	문학	
564	옥봉집 중				1847				한문	문학	
565	옥봉집 하				1847				한문	문학	
566	옥천읍지 (沃川邑誌)	金炯奭 발문	유인본		1953	단기4286			한문	역사	지(誌)
567	옥추보경 (玉樞寶經)	백두용	한성도서 주식회사		1929	소화3년	연활자		한문	종교	
568	왕선산학안 (王船山學案)	중앙 문물공웅사	중앙 문물 공웅사		1955	중화민국 44			중국문	교육	중국
569	외국역사 교과서 (外國歷史教科書) 서양지부 (西洋之部)	磯田郎	東京 三省堂		1926	대정14년			일본문	역사	교과서 (일본)

번호	자료명	저역자	출판정보	구성	출판연대	연호	장정	서지기타	문체	분야	기타
570	용주서원지 (龍洲書院誌) 1	이학로 서문, 수원 백상현 발문			1960	병자년 (추정)			한문	역사	지(誌
571	용주서원지 (龍洲書院誌) 2	이학로 서문, 수원 백상현 발문			1960	병자년 (추정)			한문	역사	지(誌
572	우방 지나역사물어 (友邦支那歷史物語)	七理重惠	フタバ書院 成光館		1943	昭和17年			일본문	정치	식ㄷ
573	우주와 빛				1920년대				일본문	철학	
574	웅변전능 연설법대방 (演說法大方)	玄丙周	京城 東洋 大學堂		1937	昭和11年			국한문	계몽	
575	원본 청오경 (原本青烏經)	김천희	광한서림		1925				한문	철학	풍ㅅ 지ㅣ
576	월보촬요 (月報撮要)	필사본 (기호흥학회 월보 제2호 필사)			미상				한문	잡지	
577	위생대감 (衛生大鑑)	竹內錄之助	中央 衛生協會		1913	大正2年		표지 및 앞부분 낙장	국한문	의약	
578	유가보살계본 (瑜伽菩薩戒本)	사문 현장 소역	대만 인경처		1958	중화민국 47			중국문	종교	중
579	유마경 (유마힐쇼설경) 상권	필사본			필사본			필사본	국문	종교	
580	유몽속편	게일			1909				한문	교육	교교 (근
581	유물론비판 (唯物論批判)	안호상	文化堂		1947	단기4280			국한문	철학	
584	유서필지 (儒胥必知)		간사지 미상		간행 연도 미상				목판	한문	언어	
582	유서필지 (儒胥必知)								목판	한문	언어	중누
583	유서필지 (儒胥必知)				미상				목판본	한문	언어	중누

번호	자료명	저역자	출판정보	구성	출판연대	연호	장정	서지기타	문체	분야	기타
585	유원총보 (類苑叢寶) 13 예부	김육			미상			목판본	한문	문집	
586	유원총보 (類苑叢寶) 16 관직	김육			미상			목판본	한문	문집	
587	유원총보 (類苑叢寶) 24 형부	김육			미상			목판본	한문	문집	
588	유원총보 (類苑叢寶) 26 기용	김육			미상			목판본	한문	문집	
589	유원총보 (類苑叢寶) 28 인도	김육			미상			목판본	한문	문집	
590	유원총보 (類苑叢寶) 42 조수	김육			미상			목판본	한문	문집	
591	유원총보 (類苑叢寶) 46 충어	김육			미상			목판본	한문	문집	
592	유원총보 (類苑叢寶) 권3~4	김육	목판		미상			목판	한문	문집	
593	유원총보 (類苑叢寶) 권7~8	김육	목판		미상			목판	한문	문집	
594	유원총보 (類苑叢寶) 권8~9	김육	목판		미상			목판	한문	문집	
595	유원총보 (類苑叢寶) 권32~33	김육	목판		미상			목판	한문	문집	
596	유원총보 (類苑叢寶) 권33~34	김육	목판		미상			목판	한문	문집	
597	유장록	보천교 중앙 내정원장 홍대화 서			1928	포교19년 정유			국문	종교	보천교

번호	자료명	저역자	출판정보	구성	출판연대	연호	장정	서지기타	문체	분야	기타
598	윤감록 (輪鑑錄) 1~3	하동 정재설			1959				한문	의례	
599	윤감록 (輪鑑錄) 4~5	하동 정재설			1959				한문	의례	
600	율계집 목록 (栗溪集目錄)	정기(鄭琦 1879~1950) 문집 목록	미상		1953	(호남 한문 문집 근거)		석판	한문	문집	
601	율곡선생연보 1	미상			미상		한적		한문	인물	
602	율곡선생연보 2	미상			미상		한적		한문	인물	
603	음부경 (陰符經)	한 장량 주석	학해 도서관 (상해)		미상			혼히 황 제음부 경이라 고 하는 것 (의학 관련)	한문	종교	중 도 경
604	응용 우생학 (應用 優生學)	로스에르 히르존슨 저, 原澄次 譯	萬里閣 書房		1930	昭和4年			일본문	생리	번 식
605	의례궤범 (儀禮軌範)	忠清南道	昭和印刷 株式會社		1938	昭和11年			국한문	의례	
607	의례문해 (儀禮問解) 권3				미상			목판	한문	의례	
608	의례문해 (疑禮問解) 권4	신익성 (申翼聖) 발문						한적	한문	의례	
606	의례문해 (疑禮問解)								한문	의례	중복
610	의례비요 (儀禮備要)	金鎭孝	儀禮 備要社		1940	昭和14年			국한문	의례	
609	의례비요 (儀禮備要)	金鎭孝	의례 비요사		1940	昭和14年			국한문	의례	중복
611	의문보감								한문	의약	중복
612	의문보감 (醫門寶鑑)	周命新 編著	滙東書館		1928	정축년 서문		판권 낙장	한문	의약	

번호	자료명	저역자	출판정보	구성	출판연대	연호	장정	서지기타	문체	분야	기타
613	의학서 목록(醫學書 目錄)신년호		金原商店			일제			일본문	의약	
614	이등박문(伊藤博文)	馬場恒吾	潮文閣		1943	昭和17年			일본문	인물	일본
615	이례약해(二禮略解)				1936	병자중추(추정)			국한문	의례	노루지
616	이십세기 인간투쟁(廿世紀人間鬪爭)	泉三郞	科學文化研究所		1941	昭和15年			일본문	역사	
617	이조오백년사(李朝五百年史)	아오야기난메이(靑柳南冥)	조선연구회장판		1917	대정5년(8판)초판은1912년			국한문	역사	일문판도 있음
618	이조의 문신(李朝の文臣·各種の朝鮮評論)		自由討究社		1923	大正11年			일본문	역사	
619	이천육백년사초(二千六百年史抄)	菊池寬,松村紘一 譯	每日新報社		1942	昭和16年			국한문	역사	식민
620	이청원(조선독본)	이청원	東京學藝社		1936				일본문	역사	건대도서관소장본
621	이학종요(理學宗要)권1~2	李震相		22권10책중제1책	1897		한적	목판	한문	철학	규장각소장본도 있음
622	이학종요(理學綜要)2	李震相		22권10책중제1책	1897		한적	목판	한문	철학	유학
623	이학종요(理學綜要)4	李震相		22권10책중제1책	1897		한적	목판	한문	철학	유학

번호	자료명	저역자	출판정보	구성	출판연대	연호	장정	서지기타	문체	분야	기타
624	이학종요 (理學綜要)5	李震相		22권 10책 중 제1책	1897		한적	목판	한문	철학	유학
625	이학종요 (理學綜要)6	李震相		22권 10책 중 제1책	1897		한적	목판	한문	철학	유학
626	이학종요 (理學綜要)7	李震相		22권 10책 중 제1책	1897		한적	목판	한문	철학	유학
627	이학종요 (理學綜要)8	李震相		22권 10책 중 제1책	1897		한적	목판	한문	철학	유학
628	이학종요 (理學綜要)9	李震相		22권 10책 중 제1책	1897		한적	목판	한문	철학	유학
629	인간학 개론 (人間學槪論)	임건수	신문당 서점		1932	소화5년			국한문	철학	
630	인도 고성가 (印度古聖歌)	世界聖典 全集 刊行會	世界聖典 全集 刊行會		1921	대정10년			일본문	문학	종교
631	인도 불교사 (印度佛教史)	龍山章眞	法藏館		1945	昭和19年			일본문	종교	
632	인도대의록 (人道大義錄)	男成吉 輯注			1916	민국6년			중국문	종교	
633	인도아수가왕 람밀이석주명		미상		미상				기타	언어	
634	인도원류 야학국한문취 지서 (人道源流 夜學國漢文趣 旨書)	김일제 (金一濟)	서산 인쇄소 (瑞山 印刷所)		1926	대정14년	신식 활자		국한문	계몽	

번호	자료명	저역자	출판정보	구성	출판연대	연호	장정	서지기타	문체	분야	기타
635	인동유집 (印東遺集)	서유석 (徐裕錫 1851~1909)						한적	한문	문집	초본 (抄本)
636	인생지진 (人生指津)	攝雲台居士	國光印書局		1932	민국22년			중국문	계몽	
637	인생처세 법률요감	조선출판연구회 편찬, 金在惠	경성서관 출판부		1926	大正15年			국한문	계몽	법률
638	인자수지 권지차2		미상					당판본	한문	철학	역리
639	인자수지 (人子須知) 건(하)		미상					당판본	한문	철학	역리
640	인자수지 (人子須知) 권2	강우산인 서선계·서선술 동저 (江右山人 徐善繼·徐善述 同著), 증번 교간 (曾璠 校刊)			미상		당판본 (중국문헌)		중국문	교육	
641	일가귀감 (日家龜鑑)	金琪鴻	在田堂書舖		1928	昭和2年			한문	계몽	
642	일로 대해전을 말함(日露大海戰を語る) -참전12제독	相馬基	東京 日日新聞社		1936	昭和10年			일본문	역사	러일전쟁
643	일로전사 후편 (日露戰史 後篇)	帝國史學會	東京 國文社		1907	明治39年			일본문	역사	러일전쟁
644	일본 2600년사 (日本二千六百年史)	大川周明	東京 第一書房		1941	昭和15年			일본문	역사	교과서 (일본)
645	일본 정신사 연구(日本精神史研究)	和辻哲郎	岩波書店		1930	昭和4年			일본문	역사	
646	일본 지리교과서				1930?				일본문	지리	교과서 (일본)

번호	자료명	저역자	출판정보	구성	출판연대	연호	장정	서지기타	문체	분야	기타
647	일본독본 (日本讀本) 제1	新保磐次	東京 金港堂		1886	明治19年			일본문	교육	교과 (일
648	일본독본 (日本讀本) 제2	新保磐次	東京 金港堂		1886	明治19年			일본문	교육	교과 (일
649	일본독본 (日本讀本) 제4	新保磐次	東京 金港堂		1886	明治19年			일본문	교육	교과 (일
650	일본독본 (日本讀本) 제5	新保磐次	東京 金港堂		1886	明治19年			일본문	교육	교과 (일
651	일본약사 상								일본문	역사	교과
652	일본약사 하								일본문	역사	교과 (일
653	일본약사 (日本略史) 권4	笠間益三 編輯	寺田榮助		1882	明治13年			일본문	역사	교과 (일
654	일본영웅전 (日本英雄傳) 제7권	菊池寬	非凡閣		미상			판권 낙장	일본문	인물	식
655	일본외사 신석 (日本外史新釋) 1	賴成一 (라이세이 이치)	弘道館		1943	昭和17年			일본문	역사	
656	일본외사 초 (日本外史鈔)	簡野道明	明治書院		1928	昭和2年			일본문	역사	교과 (일
657	일본외사 (日本外史) 권20								일본문	역사	
658	일본외사 (日本外史) 권삼		미상		미상				일본문	역사	교과 (일
659	일본외사 (日本外史) 권이		미상		미상				일본문	역사	교과 (일
660	일본외사 (日本外史) 상	賴氏藏版 (賴久一郞)			1932	昭和6年			일본문	역사	
661	일본외사 (日本外史) 하권	賴氏藏版 (賴久一朗)	賴山陽先 生遺蹟 顯彰會		1939	昭和13年			일본문	역사	
662	일본통사 (日本通史)	村上福三郎	內外 出版協會		1929	昭和3年			일본문	역사	

번호	자료명	저역자	출판정보	구성	출판연대	연호	장정	서지기타	문체	분야	기타
663	일본회화사 (日本繪畫史)	關衛	日東書院		1932	昭和6年 序文			일본문	예술	
664	일사유사 (逸士遺事)	장지연	滙東書館		1922	大正11年			국한문	인물	
665	일선어 신회화 (日鮮語新會話)	金島苔水· 廣野韓山 공저	巧人社		1938	昭和12年			일선문	언어	일본어
666	일어대학 (日語大學)	박중화 (朴重華)	光東書局					판권 낙장	일선문	언어	일본어
667	일어자통	신태균	보급서관					판권 낙장	일선문	언어	일본어
668	일월시보 4	일월시보사	일월 시보사		1941	소화16년			국한문	잡지	종교
669	일월시보 (日月時報) 3		일월 시보사		1936	昭和10年			국한문	잡지	종교
670	일월시보 (日月時報) 5		일월 시보사		1936	昭和10年			국한문	잡지	종교
671	일월시보 (日月時報) 7		일월 시보사		1936	昭和10年			국한문	잡지	종교
672	임신 10월 간독집		필사		1932	임신년		필사	국문	편지	
673	임오 조선사변 (壬午朝鮮事變) 신문잡지소재 등록	宮武外骨(19 80년 이후 해제 복원)	花房太郎		1933	昭和7年			일본문	역사	조선사
674	임화정연 3	조선도서 주식회사	조선도서 주식회사		1924	대정12			국문	문학	
675	임화정연 4	조선도서 주식회사	조선도서 주식회사		1924	대정12			국문	문학	
676	임화정연 (林花鄭延) 2	朝鮮圖書 株式會社 洪淳泌	조선도서 주식회사		1923	大正12年			국문	문학	
677	자경문(自警 文) 계심초학		미상		미상	광복 후			국한문	계몽	
678	자고정오 (字考正誤)	校訂 森經造	東京 民友社		1912	大正元年			일본문	사전	

번호	자료명	저역자	출판정보	구성	출판연대	연호	장정	서지기타	문체	분야	기
679	자력갱생휘보 (自力更生彙報) 48호 부록		朝鮮總督府		1938	昭和12年			국한문	계몽	
680	자력갱생휘보 (自力更生彙報) 56호 부록		朝鮮總督府		1939	昭和13年			국한문	계몽	
681	자력갱생휘보 (自力更生彙報) 언문판 9호		朝鮮總督府		1941	昭和15年			국한문	계몽	
682	자서조동	화지안	광학회	5책	1902	광서28년	당판	연활자	중국문	종교	
683	자수 불어독본 초급(自修佛語讀本 初級の卷)	桃井鶴夫	東京太陽堂		1931	昭和5年			일본문	언어	교(일
684	자수대학강의 (自修大學講義)		미상		미상			파본	국한문	교육	
685	자호편 (慈護編)	孫奏庭居士	上海世界佛教居士林出版			출판연도미상			중국문	종교	
686	장편소설 장개석 (張介石)	別院一郎	東京教材社		1939	소화13년			일본문	인물	문
687	재산기원론 (財産起源論)	レヴンスキ 著, 貴島克己 譯	改造社		1931	昭和5年			일본문	철학	번
688	전기술어신사전(電氣術語新辭典)	伊藤榮三郎	太陽堂		1944	昭和18年			일본문	사전	
689	전등본말사지 (傳燈本末寺誌)	金正燮	大本山傳燈寺		1943	昭和17年			국한문	종교	지(
690	전선 명승고적 (全鮮名勝古蹟)	김유동 (金迴東)	동명사 (東明社)		1932	소화6년			한문	지리	
691	전쟁의 위에서 (爭ひの上にあれ)	로망롤랑 저, 木村莊太 譯	天弦堂		1917	大正6年			일본문	문학	번
692	정려실기 (旌閭實記)	여강 이채원 (李綵源) 서문, 손진견 편집			미상	임자년			한문	여성	

번호	자료명	저역자	출판정보	구성	출판연대	연호	장정	서지기타	문체	분야	기타
693	정리대전 (正理大全)	崔琉鉉	侍天教 總部		1920	大正9年		신활자	한문	종교	
694	정말요리(丁抹より: 덴마크에서)	방태영			1926				일본문	계몽	
695	정변 아아록 (正辨 我我錄)	徐載克	普文社		1929	昭和3年			한문	역사	사화 기록임
696	정부인 장씨 실기(貞夫人 張氏 實記)	석계 이시명 (1590~1674) 부인	목판		미상				한문	여성	국역본 은 1999
697	정선 현토 치문(緇門)	吳海蓮 교열, 安震湖 發行	普賢寺		1961	단기4294			국한문	종교	불교
698	정선팔대가 (精選八大家)	普及書館 編輯部 (鮮于日)	普及書館		1912	大正元年			한문	문학	
699	정읍 향교지 (井邑鄕校誌)	李在仁 述	養士齋		1960	경자년			한문	교육	지(誌)
700	정정 강호 척독 (江湖尺牘) 권4		上海 會文書館	1915	민국4년				중국문	편지	
701	정조 파괴와 결혼 정화 (貞操破壞と結婚淨化)	福井正憑	東京 明王社		1931	昭和5年			일본문	여성	
702	정토종 명목 문답(淨土宗 名目 問答) 상	沙門辨阿 作	華頂山 藏版, 豊田雄太 郎 製本		미상	미상			한문	종교	일본 종교
703	정학입문 (正學入門)	송준필		건곤 2책	미상		한적		한문	교육	없음
704	제6 재자서 (第六才子書) 대월서상기		미상		미상			표지, 판권 낙장	국한문	문학	서상기
705	제국소사(帝國小史) 갑호 권1	山縣悌三郎	東京 文學社		1893	明治25年			일본문	역사	교과서 (일본)
706	제국소사(帝國小史) 갑호 권2	山縣悌三郎	東京 文學社		1893	明治25年			일본문	역사	교과서 (일본)

번호	자료명	저역자	출판정보	구성	출판연대	연호	장정	서지기타	문체	분야	기타
707	제일긔셔 삼국지 후집 권삼				미상			판권낙장	국문	문학	
708	제중신편 (濟衆新編) 춘하추동			4책	미상			한적목판	한문	의약	
709	조군령적지	학월촌 김진은			1881	긔묘 중추		구식연활자	국문	종교	
710	조선 고어 방언사전	정태진· 김병제	일성당 서점		1948				국한문	사전	
711	조선 공용문의 연구(朝鮮公 用文の研究)	帝國地方行 政學會 朝鮮部 編輯局	帝國地方 行政學會 朝鮮部		1933	昭和7年			일본문	언어	법률 (서식
712	조선 구관제도 조사사업 개요(朝鮮舊 慣制度調査事 業槪要)	朝鮮總督府 中樞院	京城 近澤商店 印刷所		1939	昭和13年			일본문	역사	식민
713	조선민족(朝 鮮民族)의 진로(進路)	白南雲	新建社		1946				국한문	계몽	
714	조선 사천년사 (朝鮮四千年史)	青柳綱太郎	朝鮮 研究會		1918	대정7년			국한문	역사	
715	조선 사화와 사적(朝鮮史 話と史蹟)	青柳綱太郎	朝鮮 研究會		1926	대정15년			일본문	역사	식민
716	조선 서식보감 (朝鮮書式寶鑑)	조선 실업학회 편찬부	金剛堂 書店		1939	소화12년			일본문	언어	서
717	조선 순교사 (朝鮮殉教史)	浦川和三	全國 書房版		1945	昭和19年			일본문	역사	조선
718	조선 어명보 (朝鮮魚名譜)	島汕 鄭文基			1934				국한문	언어	조선
719	조선 역사군사 (朝鮮役水軍史)	有馬成甫 (아리마세 이호)	海と空社		1943	昭和17年			일본문	역사	
720	조선 오백년사	광동서국 편집부 편찬	광동서국						국한문	역사	판 낙

번호	자료명	저역자	출판정보	구성	출판연대	연호	장정	서지기타	문체	분야	기타
721	조선 지명의 고설(朝鮮地名の考說)	中村新太郎(地球 제4권 제1호 제5권 제2호 별쇄)	별쇄본		1925	大正14~15年			일본문	언어	조선어 지명
722	조선8도 비밀지지	중복본							국한문	지리	
723	조선농가의 부업(朝鮮農家の副業)	田中誠次郎				미상		판권 낙장	일본문	계몽	
724	조선농사시교	대일본 농업장려회 출판			1912				일선문	농업	한일 대조
725	조선농업보감 (朝鮮農業寶鑑)	高山徹	京城 種苗園		1939	昭和13年(대정7년 초판)			일본문	농업	
726	조선독립소요사(朝鮮獨立騷擾史)	복면유생(覆面儒生)·아오야기 난메이 발행	조선독립 소요사 출판소		1923	대정11년(7판)·초판은 1922년			국한문	역사	일문판 도 있음
728	조선명륜록 (朝鮮明倫錄) 부 자선사업가	岩瀨健三郎	大東 出版社		1923	大正12年			국한문	인물	중복본
729	조선명륜록 (朝鮮明倫錄) 하권	岩瀨健三郎	大東 出版協會		1925	대정13년			국한문	인물	
727	조선명륜록 (朝鮮明倫錄)	岩瀨健三朗	大東 出版協會		1925	大正13年			국한문	인물	
730	조선명인전 제3권	방응모	조선 일보사 출판부		1940	소화14년			국한문	인물	
731	조선문『조선』내지사정 소개호(朝鮮文朝鮮) 제46호	朝鮮總督府	朝鮮印刷 株式會社		1921	大正10年			국한문	잡지	
732	조선백과대전 (朝鮮百科大典)	경성 신문사 (新文社) 장판	신문사		1917	대정5년			국한문	사전	
733	조선불교사 (朝鮮佛敎史)	권상로			1917	대정 정사년			국한문	종교	

번호	자료명	저역자	출판정보	구성	출판연대	연호	장정	서지기타	문체	분야	기타
734	조선사 만주사 (朝鮮史滿洲史)	稻葉岩吉·一仁野矢	平凡社		1940	昭和14年			일본문	역사	
735	조선사략 (朝鮮史略) 上	金宗漢	金宗漢自宅	2권1책	1926	대정13년			한문	역사	
736	조선사략 (朝鮮史略) 下	金宗漢	金宗漢自宅	2권1책	1926	대정13년			한문	역사	
737	조선사천년사 (朝鮮四千年史)	青柳南冥	朝鮮研究會		1917	대정6년		판권낙장	일본문	역사	
738	조선사화집 삼국시대편	노산 이은상 저	한성도서 주식회사		1947	단기4280			국한문	문학	사ㅎ
739	조선사회경제 사연구 (朝鮮社會經濟史研究)	경성제국대학 법문학회	東京刀江書院		1934	昭和8年			일본문	역사	경ㅈ 제ㄷ
740	조선상식 풍속편	최남선	동명사		1948				국한문	계몽	
741	조선승무유현 연표(朝鮮陞廡儒賢年表)	具瓚書	大東斯文會		1929	昭和3년			한문	철학	유ㅎ
742	조선신간도서 (1959.10.)	조선국제서점	조선국제서점(평양)		1959			낙장본	국문	목록	
743	조선신간도서 (1959.9.)	조선국제서점	조선국제서점(평양)		1959				국문	목록	
744	조선신사보감 (朝鮮紳士寶鑑)	田中鴻城自序	朝鮮文友會		1914	大正3年			국한문	인물	* 조 문우 조산 척지 업지
745	조선야담집	영창서관 편집부	영창서관		1929	소화3년			국한문	문학	
746	조선여류 한시선집 꽃다발	金岸曙 譯	博文書館		1942	昭和17年 서문			국한문	여성	
747	조선역대요람 (朝鮮歷代要覽)	長興 高光善			1931	辛未			국한문	역사	
749	조선역사 (朝鮮歷史) 상	조병렬 서	고창	1947	단기4280			한적(활자)	한문	역사	중

번호	자료명	저역자	출판정보	구성	출판연대	연호	장정	서지기타	문체	분야	기타
750	조선역사(朝鮮歷史) 상중하	曺秉烈 序文	미상	3책	1953	단기4286		한적	국한문	역사	
751	조선역사(朝鮮歷史) 중	조병렬 서	고창	1947	단기4280			한적(활자)	한문	역사	중복
752	조선역사(朝鮮歷史) 하	조병렬 서	고창	1947	단기4280			한적(활자)	한문	역사	중복
748	조선역사(朝鮮歷史)	세창서관 편집부	세창서관		1945				국한문	역사	
753	조선역사연대表(朝鮮歷史年代表)	朝鮮史研究會			1946				국한문	역사	연표
754	조선왕국(朝鮮王國)	菊池謙讓	東京民族社		1889	明治卄九			일본문	역사	영인본추정
755	조선유교회선언서 급 헌장 목록	조선유교회총부	조선유교회총부		1933	소화8년			국한문	철학	
756	조선유기(朝鮮留記)	權悳奎	尙文館		1929	昭和3年			국한문	역사	
757	조선유기(朝鮮留記, 조선류기)	權悳奎	尙文館		1926초판(1929 재판)	대정13년(소화3년)			국한문	역사	
758	조선유람가(朝鮮遊覽歌)	崔南善	漢城圖書株式會社		1929	昭和3年			국한문	문학	
759	조선의 성명씨족에 관한 연구조사(朝鮮の姓名氏族に關する研究調査)	朝鮮總督府中樞院			1935	昭和9年			일본문	정치	식민
760	조선의 시장(朝鮮の市場)	문정창(文定昌)	日本評論社		1942	昭和16年			일본문	역사	조선사
761	조선의 언론과 세상(朝鮮の言論と世相)	朝鮮總督府官房 文書課	巖南堂書店		1943	昭和17年			일본문	정치	식민
762	조선의 회고(朝鮮の回顧)	和田八千穂·藤原喜藏	近澤書店		1946	昭和20年			일본문	정치	식민
763	조선최근정치사(朝鮮最近政治史)	이선근	정음사		1950	단기4283			국한문	역사	교과서

번호	자료명	저역자	출판정보	구성	출판연대	연호	장정	서지기타	문체	분야	기타
764	조선통사(朝鮮通史)	林泰輔	進光社書店		1945	昭和19年			일본문	역사	
765	조선팔도비밀지지(朝鮮八道秘密地誌)	이중환 택리지	新生活社		1923	大正12年			국한문	지리	
766	조선협동조합론(朝鮮協同組合論)	車田篤	朝鮮法制研究會		1933	소화7년			일본문	경제	식민시대
767	조선환여승람	이병연	보문사		1938	소화13년	목판(한적)		한문	지리	
768	조웅전 필사본		필사본				필사본		국문	문학	
769	조천일기(朝天日記)	설정선생(雪汀先生) 1629년 연경 기행 일기			1899(후대복원)	한국학 자료포털 근거			한문	문학	연혀
770	종교 및 신앙의 기원(宗教及信仰の起源)	하인리히 구노 저, 玉城肇 譯	内外社		1933	昭和7年			일본문	종교	번역
771	종교철학(宗教哲學)	石原謙	岩波書店		1919	大正8年			일본문	종교	
772	종문무진등론(宗門無盡燈論) 하	丕不菴主圓惠 撰, 東嶺和尚 編輯	矢野平兵衛		1883	明治15年			한문	종교	일본 종교
773	주연선집(珠淵選集)	靑柳綱太郎	珠淵選集出版所		1919	大正8年			한문	문학	
774	주요 과수재배지침(主要果樹栽培指針)	宮崎縣			1935	昭和9年			일본문	농업	
775	주의 해설(主義解說)	김윤(金允) 편	사회발표사		1945				국한문	정치	
776	주자정전류설 참고략 내편(朱子井田類說 參考略 內篇)		普善堂印刷所(大丘)		1950년대 추정		한적		한문	경제	정전
777	주천향약(朱川鄕約)	鄭鎭洪	臥龍庵		1924	大正13年	구활자		한문	철학	유
778	주해 천자문(註解 千字文)		미상			일제강점기 추정			국한문	언어	천ス

번호	자료명	저역자	출판정보	구성	출판연대	연호	장정	서지기타	문체	분야	기타
779	주해부음 신식대성간독 (新式大成簡牘)	조선도서 주식회사 편집부	경성 대성서림		미상	(원전 1723)		판권 낙장	국한문	편지	
780	중국 근대 간사 (中國近代簡史)	丁曉先	新華書店 上海 發行所		1954				중국문	역사	
781	중국 봉건사회 (中國封建社會) 하권	瞿同祖 著, 小竹武夫 譯	生活社		1943	昭和17年			일본문	역사	
782	중국 전기 소설집 (中國 傳奇 小說集)	林語堂 編, 柳光烈 譯	진문사 (進文社)		1955				국한문	문학	
783	중국문법천설 (中國文法淺說)	胡懷琛 (호회침)	商務印 書館		1933	민국22년			중국문	언어	중국어
784	중국봉건사회 (中國封建社會) 상권	瞿同祖 著, 田島泰平 譯	生活社		1943	昭和17年			일본문	역사	
785	중국불교사 (中國佛敎史)	黃懺華	商務印 書館		1940	중화민국 29			중국문	종교	
786	중국소설사 (中國小說史)	魯迅 저, 丁來東·鄭 範鎭 공역	錦文社		1964				국한문	문학	번역
787	중국어자통 (中國語自通)	문세영	한성도서 주식회사		1940	昭和14年			국한문	언어	
788	중국유학사 입문(中國儒學史入門)	유창훈 편	영남 프린트		1958	단기4291			국한문	철학	
789	중국혼 (中國魂)	梁啓超· 大丘 廣學會 同人	大丘 廣文會		1907	융희 원년			국한문	정치	근대 중국
790	중등 동물학교과서 (中等動物學 敎科書)	중등교재 편찬위원회	제일 출판사		1946				국한문	교육	교과서 (광복)
791	중등 신 서양사				일제	일제			일본문	역사	교과서 (일본)

번호	자료명	저역자	출판정보	구성	출판연대	연호	장정	서지기타	문체	분야	기타
792	중등 조선역사 (中等朝鮮歷史)	黃義暾	京城 三中堂		1946				국한문	역사	
793	중등교육 산술교과서(算術教科書) 하권	長澤龜之助	開成館		1901	明治34年			일본문	수학	교과 (일본)
794	중등화학(中等化學)-초고급 합병용-	中等教科書 編纂委員會	第一 出版社		1946				국한문	화학	교과 (광)
795	중앙아세아·인도사(中央亞細亞印度史)	松田壽男·小林元·木村日紀	平凡社		1942	昭和16年			일본문	역사	식
796	중정 이과합해 권수(二課合解 首卷)	興慈法師	上海法藏寺江蘇第二監獄第三科		1929	佛歷 2956年	중국		중국문	종교	불
797	중학 서양사 (中學 西洋史)	新見吉治	東京 六盟館		1938	昭和12年			일본문	역사	교과 (일)
798	중학 수신서 (中學修身書) 권2	井上圓了 撰	東京 學海 指針社		1906	明治38年			일본문	교육	교과 (일)
799	중학 신동양사 (新東洋史)	桑原隲藏	東京 開成館		1932	昭和6年			일본문	역사	교과 (일)
800	중학교용 서양역사 교과서 (西洋歷史教科書)	峯岸米造	六盟館		1925	大正14年			일본문	역사	교과 (일)
801	증보 언간독 (增補諺簡牘)		미상				목판		국문	편지	
802	증보 해동시선 (海東詩選)	세창서관 편찬	세창서관		1951	단기4284			한문	문학	한
803	증산 역리대방 (增刪易理大方)	전재학 (全在鶴)	한남서림		1927	대정15			한문	종교	
804	증정 문자류집 (文字類輯)	李鍾星 편집	紙物書冊		1913	大正2年		구활자	한문	사전	사

번호	자료명	저역자	출판 정보	구성	출판 연대	연호	장정	서지 기타	문체	분야	기타
805	증정 사범교육 일본역사(日本歷史) 상권	藤田明 編, 田中義成 增訂	寶文館		1919년	대정8년			일본문	역사	교과서 (일본)
806	증정 중등역사	함익돈	한글문화 보급사 (조선 문화사)		1946	단기4279			국한문	역사	교과서
807	지경령험전	진묵대사			미상	1880년 대 추정		구식연 활자	국문	종교	
808	지나 고대 사회사(支那古代社會史)	郭沫若 著, 藤枝藏否 譯	東京 成光館 出版部		1935	昭和8年			일본문	역사	중국사
809	지나 문화와 지나학의 기원 (支那文化と支那學の起源)	後藤末雄	第一書房		1940	昭和14년			일본문	중국	중국학
810	지나 민족 생활사(支那民族生活史)	井坂秀雄 (로사카히데오)	日本 評論社		1944	昭和18年			일본문	역사	
811	지나 사천년사 (支那四千年史)	後藤末雄	第一書房		1941	서문		판권 낙장	일본문	역사	
812	지나 지지략 (支那地誌略) 제1집	沖冠嶺 編纂	敬業堂 藏版		1874	明治7年			일본문	지리	지(誌)
813	지나국 사략 (支那國 史略) 중권	沖冠嶺 (東京 冠嶺沖修 著)						판권 없음	일본문	역사	교과서 (일본)
814	지나문학개설 (支那文學槪說)	靑木正兒	弘文堂 書房		1945	昭和19年			일본문	문학	
815	지나사성자전 (支那四聲字典)	權寧世 編 (육군 보병대위)	大阪 屋號發行		1928	昭和2年			일본문	사전	
816	지나사회의 과학적 연구 (支那社會の科學的研究)	平野義太郎 (히라노 요시타로), 宇佐美誠次郎(우사미 세이지로) 등 번역	岩波書店		1942	昭和16年			일본문	역사	번역

번호	자료명	저역자	출판정보	구성	출판연대	연호	장정	서지기타	문체	분야	기타
817	지나어 교과서 (支那語 教科書) 시문편 (時文篇)	宮越健太郎 ·清水元助	外語學院 出版部		1940	소화14년			일중문	언어	중국
818	지나어 독습 사전(支那語 獨習 辭典)	熊谷直次	京城 積文堂 (東京 新大衆社)		1940	昭和14年			일중문	언어	중국
819	지나여류시강								중국문	여성	
820	지나회교사 (支那回教史)	井東憲 (이토켄)	岡倉書房		1943	昭和17年			일본문	역사	중국
821	지리촬요(地 理撮要) 만국지부	岡松甕谷 校定	野口愛		1882	明治14年		후쿠시 마 현 원본	일본문	지리	교과 (일
822	진당 소설 신초 (晉唐小說新鈔)	鹽谷溫 編	東京 弘道館		1932	昭和6年			일본문	문학	중 문
823	진람각 실기 (鎭嵐閣實記)	전남 승주군 낙안면 노암리 성수재 개간 姜起秀			1962 (추정)	임인년		한적	한문	인물	
824	진종대전 (眞宗大典)	최동근 (崔東根)	금강 인쇄소		1951		연활자		국한문	종교	
825	징비록 (懲毖錄)				1900년 대 추정			표지 판권 낙장	한문	인물	
826	징비록· 동세기· 감인록	미상			미상		낙장	연활자	한문	역사	
827	찰한방요 (札翰捞要) 필지(必知)				미상			필사본	국한문	편지	아손 (雅伭 부·
828	창선감의록 인	李翔九 發行	同文社 印刷所		1916	大正5年		조선 백지 미농지	한문	문학	
829	창선감의록 지	李翔九 發行	同文社 印刷所		1916	大正5年		조선 백지 미농지	한문	문학	

번호	자료명	저역자	출판정보	구성	출판연대	연호	장정	서지기타	문체	분야	기타
831	창선감의록 (彰善感義錄) 天	李翔九 發行	同文社 印刷所		1916	大正5年		조선 백지 미농지	한문	문학	
830	창선감의록 (彰善感義錄)						한적	필사본	한문	문학	
832	창세긔		서울 조선성서 공회		1948	단긔4281			국문	종교	
833	처세명감 (處世明鑑)	쎼콘 원저, 金世徽 譯	京城 南昌書館		1931	笑話5年			국한문	계몽	
834	척독대방 (尺牘大方)	韓興教	京城書館		1928	昭和2年			국한문	편지	
835	천경당 서국 도서목록		상해 천경당		1913	민국3년			중국문	목록	
836	천로 금강경 (川老 金剛經)	允豊7年 天台羅適 서문	京都 貝葉書院		미상			발행 연도 미상 (종교 서목 포함)	일본문	종교	臨川寺 重刊 康曆2年 (1380)
837	천의 도·인의 도(天の道 人の道)	西眞一郎	目黑書店		1938	昭和12年			일본문	철학	사상
838	천조태신궁 (天照太神宮)	谷本久雄	高森道場			皇紀 2604		유인 필사	일본문	종교	
839	천지팔양신주경(天地八陽 神呪經)	필사본			미상			필사본	국한문	종교	
840	철의 역사 (鐵の歷史)	오토 요한슨 작, 三谷科 作 譯	慶應書房		1942				일본문	역사	
841	철학 및 철학사 연구(哲學及 哲學史研究)	桑木嚴翼	岩波書店		1937	昭和11年			일본문	철학	
842	청낭결(青囊 訣) 상	南采祐	한성도서 주식회사		1933	병인년 발문		판권 낙장	한문	의약	
843	청낭결(青囊 訣) 처방색인	南采祐	한성도서 주식회사		1933	병인년 발문		판권 낙장	한문	의약	
844	청낭결(青囊 訣) 하	南采祐	한성도서 주식회사		1933	병인년 발문		판권 낙장	한문	의약	

번호	자료명	저역자	출판정보	구성	출판연대	연호	장정	서지기타	문체	분야	기타
845	청년 수양신독본 (靑年 修養新讀本)	廣文社 編輯部	廣文社		1926	大正15년			국한문	계몽	
846	청년 시국독본 (靑年時局讀本)	藤谷保	靑山書院		1942	昭和16年			일본문	계몽	식ㄷ
847	청년학교 교본 권4	대일본 연합 청년단 편			1923	大正12年			일본문	계몽	식ㄷ
848	청년학교 교본 (靑年學校 教本) 권1	대일본 연합 청년단 편			1923	大正12年			일본문	계몽	식ㄷ
849	청화전집일 삼종(淸畵傳 輯佚 三種)	洪業 輯校	哈佛 燕京學社		1934			중국본	중국문	예술	독ㅈ집ㅌ
850	체신회화 (遞信會話)	加藤惠義· 遞信協會	凸版印刷 株式會社		1934	昭和8年			일본문	언어	
851	초등 본국역사 (初等 本國歷史)	安鍾和	廣德書館 安泰瑩		1909	융희3년			국한문	역사	교과(근ㄷ
852	초등국사 (初等國史) 1	朝鮮總督府				1939 추정	판권 낙장		일본문	역사	교과(일ㄱ
853	초등국사 (初等國史) 2	朝鮮總督府	朝鮮 書籍印刷 株式會社		1939	昭和13年			일본문	역사	교과(일ㄱ
855	초학시문필독 (初學時文必讀)	李起馨	중앙인쇄 서적 주식회사	1923	大正 12年				국한문	계몽	
854	초학시문필독 (初學時文必讀)	이기형 (李起馨)	중앙 인쇄소 (中央 印刷所)		1924	大正12年	신식 활자		국한문	교육	
856	최신 노래가락		미상		미상			파본	국한문	예술	
857	최신 조선지지 (最新 朝鮮地誌) 중편	釋尾春芿	朝鮮 及滿洲社		1918	대정7년			일본문	지리	
858	최신식 주해 척독 (註解尺牘)	滙東書館 編輯部	滙東書館		1925	大正13年			국한문	편지	

번호	자료명	저역자	출판정보	구성	출판연대	연호	장정	서지기타	문체	분야	기타
859	추명가 (推命歌)	李錫暎	韓易理學院		미상	광복 이후 추정		등사본	국한문	종교	역리
860	추모 이충무공 시고(追慕 李忠武公詩稿)	창원 정기로 서문			1967 (추정)	정미년			한문	문학	
861	추방(追放)-國王과 謫流	알베르 까뮈 저, 조성봉 역	탐구당		1958	단기4291			국문	문학	번역
862	춘추독본 (春秋讀本)		上海 錦文堂		1911	중화민국 기원년		석인	중국문	역사	
863	출판도서목록 (出版圖書目錄)		東京 高岡本店		1929	昭和3年			일본문	목록	
864	출품도서 해설	서울대 부속 도서관			1956	단기 4289			국한문	목록	
865	충익공 행장 (忠翼公 行狀)				미상	숭정 후 4庚申	한적	구활자	한문	인물	전주 최정남 (위정공)
866	충청북도 보은군 속속면		경필 유인본						국한문	지리	문서
867	충효경 (忠孝經)		煙台 成文信 藏版		1897	光緒 戊戌年		중국	한문	교육	효경
868	탁상 식사연설보감 (式辭演說寶鑑)	修文館 編輯部	서울 수문관		1954	단기4287			국한문	계몽	
869	태조실기 (太祖實記)	洪淳馨 閔丙漢 校閱 李斌承 編輯	大東 成文社		1928	昭和2年			한문	인물	
870	텬쥬선교 공과 뎨이권	판권 낙장			미상			연활자	국문	종교	
871	텬쥬셩교공과	민아오스딩			1913			연활자	국문	종교	
872	텬쥬셩교례규 뎨일권		미상		미상			낙장	국문	종교	
873	톨스토이 저 문학독본 (文學讀本)	崔世祚	양문사		1958	단기4291			국한문	문학	
874	통감구결(通鑑口訣) 초권 주기 위열왕				미상	미상			한문	역사	구결 연구

번호	자료명	저역자	출판정보	구성	출판연대	연호	장정	서지기타	문체	분야	기타
875	통학경편 (通學徑編)	황응두 (黃應斗)	혜연서루 인쇄	상하 1책	1919	대정7년	한장	석인	국한문	교육	
876	퇴계율곡 양선 생의 향약을 기 초로 한 신증향 약(新增鄕約)	大聖院 編輯部 (崔永年 序)	大聖院		1930	昭和4年			국한문	의례	유ᄒ
877	특집 청년 교본 (特輯 靑年敎本)	朝鮮總督府	朝鮮 敎學圖書 株式會社		1945	昭和19年			일본문	계몽	식ᄃ
878	파란말년 전사 (波蘭末年全史)	현채	塔印社		1899	광무3년 (발문)			국한문	역사	교과 (근ᄃ
879	과휘(苽彙)		필사본		미상				한문	문학	계몽 등 ᄒ
880	평가물어 (平家物語)	若林爲三郎	東京 健文社		1943	昭和17年			일본문	문학	
881	평주 속 문장궤범 (評註 續 文章軌範) 1	日本 備後 五十川左武 郎 編輯	浪華 同盟書房		미상	明治年間 추정			한문	교육	일ᄇ
882	표준성경 주석				광복				국문	종교	
883	품목기억독본 (品目記憶讀本)	市川重春 編	東京 藥種 製藥學校		1942	소화16년			일본문	의약	
884	학등(學燈) 제46권 11월호		학등사		1943	昭和17年			일본문	잡지	
885	학등(學燈) 제47권 8월호				1944	昭和18年			일본문	잡지	오쿠 신ᄑ
886	학례유범 (學禮遺範)	申鉉國			1964				한문	교육	
887	학산사지 (鶴山祠誌)	김윤동 서문			1974				한문	역사	지(誌
888	학생과 학원 (學生と學園)	河合榮治	日本 評論社		1940	소화14년			일본문	교육	
889	학생백과사전 (學生百科辭典)		德興書林		1959	단기4292			국한문	사전	
890	한국 풍속지 (韓國風俗誌)	전해순 (全海淳)	동인 문화사		1956				국한문	문학	풍ᄉ

번호	자료명	저역자	출판정보	구성	출판연대	연호	장정	서지기타	문체	분야	기타
891	한국씨족총람 (韓國氏族總覽)	崔純	영남일보사 사천 지국장		1967				국한문	목록	
892	한국역대소사 (韓國歷代小史) 11~13	金澤榮	南通翰墨林書局		1916	민국4년			한문	역사	
893	한국역대소사 (韓國歷代小史)1~4	金澤榮	南通翰墨林書局		1916	민국4년			한문	역사	한국사
894	한국역대소사 (韓國歷代小史)5~7	金澤榮	南通翰墨林書局		1916	민국4년			한문	역사	
895	한국역대소사 (韓國歷代小史)8~12	金澤榮	南通翰墨林書局		1916	민국4년			한문	역사	
896	한국유학사 초고	이병도	서울대 문리과 대학 국사 연구실					경필 유인본	국한문	철학	유학
897	한글 첫걸음	조선어학회	군정청 학무국		1945				국문	계몽	
898	한글 편지 필사본 1책							필사	국문	편지	
899	한글 편지 필사본 1책(사친가)					정묘 정월		필사	국문	편지	
900	한글독본	(대한계명 사업협회)			미상				국문	계몽	
901	한글철자법통 일안	西村公立國 民學校 周椅喆 (주의철)			미상			등사본	국한문	언어	국어
902	한글첫걸음	조선어학회	군정청 학무국		1945				국문	언어	국어
903	한글통일 조선어문법 (朝鮮語文法)	申泰和	三文社		1945	을유년 9월			국한문	언어	국어

번호	자료명	저역자	출판정보	구성	출판연대	연호	장정	서지기타	문체	분야	기타
904	한글학회 50돌 기념 전시회 목록	한글학회			1971				국문	목록	
905	한글학회 엮은 쉬운말 사전	한글학회	정음사		1967				국문	사전	
906	한문언토 구운몽 (九雲夢) 권1							표지 앞장, 판권 낙장	국한문	문학	
907	한미50년사	조광사	조광사		1945				국한문	역사	
908	한미오십년사 (韓米五十年史)	조광사	朝光社		1945	단기4278			국한문	역사	
909	한미회화지우 (韓美會話之友)	조응천	육군본부 통신감실		1951				국영문	언어	한국
910	한사경 (韓史繋) 권3	김택영			1918			낙장	한문	역사	
911	한사경변 (韓史繋辨)	孟輔淳	儒林總部		1924	大正13年			한문	역사	
912	한서 합부 (漢書合部)		필사본			필사본			한문	역사	
913	한서 합부 (漢書合部)2		필사본			필사본			한문	역사	
914	한일선 시문신독본	황응두							국한문	계몽	중복
915	한일선 시문신독본 (時文新讀本)	黃應斗	시문 독본사 발행		1938	昭和12年 (초판 1931)			국한문	계몽	
916	한학지남 (漢學指南)		경필 필사본		미상	경오년			국한문	언어	한문
917	한훤록 (寒喧錄)	필사			1915	대정3년			한문	편지	
918	한훤차록(寒 暄箚錄) 권2		미상		미상		목판		한문	교육	
919	해동시선 (海東詩選)		미상				파본		한문	문학	
920	해동죽지 (海東竹枝)	宋淳夔	奬學社		1926	대정14년			한문	문학	

번호	자료명	저역자	출판정보	구성	출판연대	연호	장정	서지기타	문체	분야	기타
921	향약집성방 (鄉藥集成方)	平原宗軒	행림서원		1944	昭和18年			국한문	의약	
922	현대 중국어 독학(現代中國語獨學)	李永燮 편술	太華書館			1920년대 추정		173쪽 이하 낙장	중국문	언어	중국어
923	현대응변식사 일선연설법 (日鮮演說法)	永昌書館 編纂	永昌書館		1926	大正15年			국한문	계몽	
924	현대일본문명사 제10권 식민사 (植民史)	野澤義郎	東亞經濟新報社		1942	昭和16年			일본문	역사	식민
925	현대 중국문학사	윤영춘	계림사		1945				국한문	문학	
926	현토 서상기 (懸吐 西廂記)	南宮濬	유일서관		1919	大正8年		98쪽 이후	국한문	문학	
927	현토 육도직해 (六韜直解)	高裕相	회동서관		1917	大正6年			국한문	철학	병학
928	현토 절요 (懸吐 節要)	안진호	법륜사		1957				한문	종교	
929	현토 창선감의록 (彰善感義錄)	白斗鏞	普成社		1917	大正6年			국한문	문학	
930	현토구해 집주 효경(孝經)	洪淳泌	朝鮮圖書株式會社		1925	大正14年			국한문	철학	유학
931	현화진경 (玄化眞經)	최동근	금강 인쇄소		1951				국한문	종교	
932	협동체 국가 (協同體國家)	무솔리니 저, 秋澤修二 譯	自揚社		1940	昭和14年			일본문	정치	식민(전체주의)
933	혼의 외교 (魂の外交)	本多熊太郎 (혼다구마 타로)	千倉書房		1942	昭和16年			일본문	정치	식민
934	화류이지 (花柳易知) 권1	문명서국 (文明書局)	문명서국·중화서국		1937	중화민국 26년			중국문	의약	성병
935	화류이지 (花柳易知) 권2	문명서국 (文明書局)	문명서국·중화서국		1937	중화민국 26년			중국문	의약	
936	화류이지 (花柳易知) 권3	문명서국 (文明書局)	문명서국·중화서국		1937	중화민국 26년			중국문	의약	

번호	자료명	저역자	출판정보	구성	출판연대	연호	장정	서지기타	문체	분야	기타
937	화류이지 (花柳易知) 권4	문명서국 (文明書局)	문명서국·중화서국		1937	중화민국 26년			중국문	의약	
938	화서아언 (華西雅言) 3(권10~12)	이항로 (1792~1868)			1874(추정)				한문	문학	
939	화술체용상응지권(花術體用相應之卷) 완	肥原勝三 發行	荒木幸吉 印刷		1902	明治34年			일본문	철학	
940	화엄현담회현기(華嚴懸談會玄記) 제39	창산 재광사 비구 普瑞 集			미상			후대 복원	한문	종교	
941	화월몽 (花月夢)	滿湘館 主人 題	奇書 小說報館			光緒 甲辰			중국문	문학	
942	화폐론 (貨幣論)	河津 暹 講述	早稻田 大學 出版部		미상			판권 낙장	일본문	경제	
943	화한합벽 문장궤범 (文章軌範) 권4	石川鴻齋	鳳文館		1883	明治17年			일본문	교육	교과 (일본)
944	황록차집 (黃綠此集)	황록차 선생 저, 최매하 선생 서(이종소)	녹차집 출판사, 한성도서 주식회사		1933	소화7			한문	문집	
945	회도 서상기 (繪圖 西廂記) 권1		上海 啓新書局		1924	민국13년		당판본	한문	문학	중국
946	회도 서상기 (繪圖 西廂記) 권2		上海 啓新書局		1924	민국13년		당판본	한문	문학	중국
947	회도 서상기 (繪圖 西廂記) 권3		上海 啓新書局		1924	민국13년		당판본	한문	문학	중국
948	회도 서상기 (繪圖 西廂記) 권4		上海 啓新書局		1924	민국13년		당판본	한문	문학	중국
949	회도신집 야우추등록 (繪圖 夜雨秋燈錄) 권1		上海 英華書局		1905	광서 을미		석인	한문	문학	

번호	자료명	저역자	출판정보	구성	출판연대	연호	장정	서지기타	문체	분야	기타
950	회도신집 야우추등록 (繪圖 夜雨秋燈錄) 권2		上海 英華書局		1905	광서 을미		석인	한문	문학	
951	회도신집 야우추등록 (繪圖 夜雨秋燈錄) 권6		上海 英華書局		1905	광서 을미		석인	한문	문학	
952	회도양택대전 (繪圖陽宅大 全)1		上海 會文書堂		1914	민국3년			중국문	철학	음양학
953	회도양택대전 (繪圖陽宅大 全)10		上海 會文書堂		1914	민국3년			중국문	철학	음양학
954	회도양택대전 (繪圖陽宅大 全)2		上海 會文書堂		1914	민국3년			중국문	철학	음양학
955	회도양택대전 (繪圖陽宅大 全)3		上海 會文書堂		1914	민국3년			중국문	철학	음양학
956	회도양택대전 (繪圖陽宅大 全)4		上海 會文書堂		1914	민국3년			중국문	철학	음양학
957	회도양택대전 (繪圖陽宅大 全)5		上海 會文書堂		1914	민국3년			중국문	철학	음양학
958	회도양택대전 (繪圖陽宅大 全)6		上海 會文書堂		1914	민국3년			중국문	철학	음양학
959	회도양택대전 (繪圖陽宅大 全)7		上海 會文書堂		1914	민국3년			중국문	철학	음양학
960	회도양택대전 (繪圖陽宅大 全)8		上海 會文書堂		1914	민국3년			중국문	철학	음양학
961	회도양택대전 (繪圖陽宅大 全)9		上海 會文書堂		1914	민국3년			중국문	철학	음양학

번호	자료명	저역자	출판정보	구성	출판연대	연호	장정	서지기타	문체	분야	기타
962	회도족본 전가보전집 (繪圖足本 傳家寶 全集) 3집 권1(7)							당판본	한문	교육	낙질
963	회도족본 전가보전집 (繪圖足本 傳家寶 全集) 3집 권3(8)							당판본	한문	교육	낙질
964	효열부 김씨 행록(孝烈婦 金氏 行錄)	유동익 서문				미상 (광복 이후)		유인본	한문	여성	
965	효자전 (孝子傳)	죽산박씨				丙申年 서문		석판	한문	인물	
966	후경일 (後經一)	천도교 중앙총본부	보서관		1912	명치45			한문	종교	겉표 씌
967	흉노 연구사 (匈奴研究史)	蒙古 研究所 譯	生活社		1943	昭和17年			일본문	역사	몽 연구 저작
968	흥국 실업독본 (興國實業讀本)	玉井幸助 編	育英書院		1938	昭和12年			일본문	계몽	식
969	홍무왕 삼한전 (興武王三韓傳)	金在鴻	京城 新明書林		1921	大正10年			국한문	인물	
970	홍무왕삼한전 (興武王三韓傳)	金在鴻	新明書林		1921	大正10年			한문	인물	

(번호는 작업상의 번호로, 연차별 종합 목록이 작성된 이후 새로운 분류 번호를 부여할 예정입니

지식 유통과 간찰(簡札) 자료

박나연

1. 간찰(簡札) 용례집 자료의 성격

간찰(簡札)이란 편지글을 말하며, 보내는 사람과 받는 사람 그리고 날짜를 갖추어서, 인간사 여러 가지 일에 대해 보내는 사람과 받는 사람과의 사회적 관계에 따라 그것에 맞는 각각의 예의를 갖춘 복잡하고 다양한 형식으로 표현된 것을 말한다.[1] 간찰을 일컫는 다른 말로는 간독·척독·함찰·서간·서찰·한찰·어안·어복·수묵·수찰·수한·수자·수간·화전·화한·총전·전찰·전독·척소·편전·타운·신식·신음·신편·함서·함한·함음·적독·소간 등 매우 다양하다.

일반적으로 간찰이라고 하면 한문간찰과 한글간찰을 포괄하고 있

---

1) 김효경, 「朝鮮時代 簡札 書式 硏究」, 한국학중앙연구원 박사논문, 2005, 9쪽.

다. 그런데 한글간찰은 따로 내간(內簡), 언간(諺簡), 언서(諺書) 등의 언(諺) 자를 붙여 한문간찰과 구별하여 사용되기도 하였다.[2] 즉 '한글 간찰'은 크게 '한문간찰'과 대비되는 개념이라고 할 수 있다. 한글의 창제와 반포로 인해 한문 문학 일색이던 문학사에 한글로 된 시가(詩歌)와 소설이 등장하여 문학사의 지형을 뒤흔든 것처럼 한글간찰도 한문간찰만이 존재하던 '간찰의 역사'에 큰 변화를 가져왔다. 상층의 여성과 중인 계층의 남성들이 이전에 존재하지 않던 의사소통의 수단을 새롭게 획득하게 된 것이다. 게다가 시조나 소설과 같은 여타의 한글 문학 장르와는 달리 한글간찰은 양반의 예의범절과 관련하여 여성에게 적극적으로 권장되었고, 그 쌍방향성으로 인해 상층의 남성들도 한글 편지의 필자로 편입되었다. 강한 실용성이 한글간찰의 저변을 빠른 속도로 확대시켰다.[3]

다음으로 간찰의 기능을 살펴보면, 간찰은 교통과 통신이 발달하지 않은 전통 시대에 떨어져 있는 사람들을 이어주는 거의 유일한 수단이었다는 점을 들 수 있다. 전통 시대의 간찰은 친지 사이의 안부와 소식을 전하는 사교적 연결망이었고, 나아가 사우(師友)간의 교신(交信)은 학문적 논쟁을 통한 자기 성숙의 매개체로서 기능을 했다.[4]

근대 이전 조선시대까지의 간찰은 신문, 잡지 같은 대중매체가 없던 시대의 산물이라 문인에게는 편지 자체가 문학이었고, 학자에게는 간찰 쓰기가 일종의 학문의 장이었다. 간찰에는 '풍류와 유식'이 드러

---

2) 이남희, 「조선후기 간찰서식집과 데이터베이스 구축 방안」, 『인문학연구』 27, 제주대학교 인문과학연구소, 2019, 11쪽.

3) 최지녀, 「〈언간독(諺簡牘)〉과 한글 편지를 통해 본 근대의 풍경」, 『한국고전여성문학연구』 39, 한국고전여성문학회, 2019, 224~225쪽.

4) 이인숙, 「조선시대 편지의 문화사적 의의」, 『민족문화논총』 30, 영남대학교 민족문화연구소, 2004, 391~392쪽.

내야 하는 줄 알았기에 쉬운 구어체를 두고 자신의 유식함을 과시하기 위해 어려운 한자로 문어체 편지를 쓰는 것을 당연시했다. 신분제 사회였기 때문에 아무리 친한 벗이라도 글로 의사를 전달, 소통하는 경우에는 상대의 체면을 존중하는 어사(語辭)를 일부러 찾아 써야 했다. 이러한 고정관념 때문에 전통시대의 사람들은 간찰 서두·결구에 상투어를 담게 되었고, 인사말 속에 어려운 한자어가 들어 있어야 제대로 된 간찰이라 여기게 되었다.

하지만 20세기 초 이광수와 이태준 이후 간찰과 문학을 별개로 분리 취급하면서, 간찰에는 반드시 담아야 할 한문투의 의고체 표현이나 격식을 따지지 않게 되었다. 오히려 어려운 한문투의 투식어를 철저하게 배격하였다. 그래서 근대 간찰에는 누구나 쉽게 주고받을 수 있는 자기의 문장 표현이 주를 이루게 되었다. 20세기 초 서간 영식을 보면 격식에서는 한문 간찰의 전통이 남아 있고, 내용 면에서는 개인 간의 사적 고백, 감정 표현이라는 근대적인 면모가 새로 추가되었다. 1910년대 중반 이후 식민지근대의 간찰은 다양하게 유통되는 인쇄매체 중 잡지 같은 정기간행물을 통해서 새롭게 변모하였다. 근대 초기 잡지에 서간이 계몽의 전달 매체로서 활용되었을 뿐만 아니라 편지투, 편지형식을 차용한 다양한 기사문, 가령 논설문이나 기행문, 수필 등 나아가 서간체소설까지 동시에 등장하게 된 것이다. 1920년대 이후에는 근대적 지식의 계몽수단으로 문범화·규식화되어 유통되던 언간·척독류는 쇠퇴하고 연애편지와 1인칭 고백체 문학의 장치나 문체에 관여하는 등 간찰의 기능이 다양해졌다.[5]

---

5) 김성수, 「제도로서의 '매체': 근대 서간(書簡)의 매체별 존재양상과 기능」(특집논문), 『현대문학의 연구』 42, 한국문학연구학회, 2010, 93~95쪽.

간찰은 의사 전달 매체로서 문자가 생긴 이래로부터 지금까지 쭉 사용되고 있다. 때문에 편지 각 편은 그 긴 활용 기간과 활용도에 비례하여 내용과 형식면에서 엄청난 다양성을 보여준다. 간찰은 예로 부터 지금까지, 다양한 지위의 사람들 사이에서, 거의 모든 것을 주제로 다루었기 때문이다. 따라서 거시적 흐름을 파악해야 할 경우이건, 각 편을 분류·분석해야 할 경우이건 간에 간찰에 관한 연구는 매우 까다로운 작업일 수밖에 없다. 간찰 용례집은 이러한 까다로운 작업을 풀어갈 실마리를 제공해 준다는 점에서 의의가 있다. 간찰 용례집은 '간찰의 내용이 기재되는 방식'을 규정한 책이다. 더불어 서식에 맞는 편지의 예문과 편지를 쓸 때 꼭 알아야 할 부대 정보를 함께 수록하고 있어 난해한 편지 연구에 서식·대표적인 내용·상식 등의 관점에서 일정한 기준을 제시해 준다.6)

이처럼 간찰 용례집은 간찰을 온전히 쓰기 위해 피봉에서부터 내지에 이르기까지 작성 하는 순서와 사례를 수록해 놓은 일종의 간찰쓰기 교본으로서 그 주요 임무가 간찰작성방식을 알려주는 것이다. 간찰은 일상생활에서 누구나 부담 없이 편하게 쓰는 실용문임에도 불구하고, 한문간찰 용례집이 편찬된 이유는 사용문자가 한자라는 점, 또 글을 만드는 노력 없이는 내용이 이루어지지 않고, 아무리 간단한 사연이라도 내용을 문장화한 솜씨가 드러난다는 점 때문에 한통의 간찰을 작성하는 것이 그렇게 쉽지만은 않다. 더구나 양반들은 자신만의 독특한 표현이나 문구, 그리고 무엇보다도 여러 층위의 사회적·위계적 관계, 복잡한 가족관계에 따라 표현하는 용어가 다르다는 점도 간찰 작성에 어려움을 더한다. 이러한 요인들이 간찰 용례집에

---

6) 김인회, 「근대 한글 간찰서식집 연구」, 『古文書研究』 51, 한국고문서학회, 2017, 319쪽.

대한 필요와 요구로 이어져서 결국 간찰 용례집이 간행되기에 이른 것이다. 또한 여러 간찰 용례집의 서문을 통해 용례집이 간행하게 된 목적은 두 가지 정도로 요약해 볼 수 있다. 첫째는 공부를 시작하는 초학자들이 일상사에서의 안부편지, 경조사 때 위로와 축하 인사장을 작성하는데 모본(模本)으로 삼기 위해서이다. 둘째는 한통의 간찰을 쓸 줄 아는 것이 옛날부터 유자에게 있어서 일종의 필수덕목이었던 것이다. 따라서 유자들에게 간찰 쓰는 수고를 덜어주고, 또 인간관계에서 발생하는 까다로운 법도를 실추하지 않도록 해 주기 위해서 용례집을 간행하였던 것이다.[7]

한편 한글간찰이 규식화되기 시작한 시기는 1860년대 전후로 보인다. 이는 언간독류가 나타나는 시기가 이 때이기 때문이다. 현재 발견된 언간독 가운데 발행 연도를 확인할 수 있는 것은 1860년으로 추정되는 경신년『징보언간독』, 1886년으로 추정되는 병술년 간행『징보언간독』이 있다. 그 밖에도 연대를 확인할 수 없으나 방각본『증보언간독』,『언찰투』,『언간독』등이 있으며, 필사본 언간독류와『문권규식』등이 산재되어 있다. 이후 일제강점기로 들어가면 간찰은 공교육의 교육 제재로 등장하였으며, 일반인들을 위한 다양한 척독류가 개발되었다는 점이 특징이다. 공교육 차원에서 일제강점기 조선어과 교과서에는 '편지'라는 제재가 들어 있음을 확인할 수 있는데, 각종 수서인명이나 존칭 등이 정교하게 정리될 뿐만 아니라, 각종 직위에 따른 호칭을 편지에 반영할 수 있도록 하였다. 또한 이와 같은 차원에서 간찰의 규식화와 관련된 각종 척독류가 개발·보급되었다. 그 결과

---

7) 김효경, 「조선후기 간행된 간찰서식집에 대한 연구」, 『書誌學研究』 33, 한국서지학회, 2006, 283~286쪽.

간찰 형식에 맞추어 쓴 간찰이 늘어났으며, 국한문 혼용의 간찰이 늘어나기도 하였다.8)

이와 같이 한글간찰이 작문의 한 분야로 중시되기 시작한 때는 근대 이후의 일이었다. 비록 '언간'이라 불리는 한글간찰이 훈민정음 창제 이후부터 널리 쓰였을 것이라는 점은 쉽게 짐작할 수 있지만, 실제로 편지쓰기를 규식화하거나 작문 교육의 대상으로 삼은 것은 근대에 이르러서이다. 1860년대의 목판본으로 추정되는 「증보언간독」류는 기존의 편지 형식을 일정한 틀로 정리해 놓은 책이며, 이 시기 이후로 각종 필사류의 간찰 서식이 번져 나갔다. 이와 같은 언간독류는 1900년대 초부터 발행되기 시작한 각종 척독류를 거쳐, 일제강점기 미문(美文) 편지 및 서간 문학에 이르기까지 다양한 변화를 보이게 된다.9)

이상 간찰 자료에 관해 살펴보았다. 간찰 자료는 전통시대부터 근현대까지 의사소통의 매개체로서 큰 기능을 담당했다. 한편으로 전통시대부터 근대의 간찰 자료는 당시 일상생활의 모습은 물론이요, 당대 지식인들의 지식 유통의 과정을 살필 수 있는 자료라고 할 수 있다. 교통과 통신이 발달하지 못했던 전근대 사회에서 간찰은 타인과 소통할 수 있는 유일한 창구였으며, 간찰의 내용을 통해서는 간찰 주인공의 사상은 물론이고, 그 시대의 지식 문화를 이해하는 필수 자료이기 때문이다. 이와 같은 전근대의 사회를 이해하기 위해서는 간찰 자료에 대한 데이터베이스 작업이 선행되어야 한다. 특히 간찰 자료는

---

8) 허재영, 「한글 간찰[언간(諺簡)]에 대한 기초 연구: 연구의 흐름과 간찰 양식의 변화를 중심으로」, 『사회언어학』 13(2), 한국사회언어학회, 2005, 269~274쪽.
9) 김경남, 「1920~30년대」 편지글의 형식과 문체 변화, 『겨레어문학』 41, 겨레어문학회, 2008, 190쪽.

지식을 소통할 수 있는 기초 통신으로서 당시의 통신 제도와 사회적 규범을 볼 수 있는 주요 지표였다. 또한 간찰 용례집에서 요구하는 규범은 당시의 신분제 사회에서 요구하는 덕목과 사회 질서의 변화를 반영하고 있다. 이처럼 간찰 자료에 대한 데이터베이스 구축은 간찰 내용을 통한 전근대 사회에 대한 이해와 함께 지식인들의 교우 관계, 나아가 지식 네트워크의 형성과 발전 등에 대한 다각적 연구를 위한 기본 자료로서 활용될 수 있을 것이다.

2. 조사 자료 목록

간찰 용례집에 대한 자료 조사는 단국대학교 일본연구소 HK+ 사업단의 '지식 권력의 변천과 동아시아 인문학' 아젠다 연구를 위한 기초 단계로, 크게 한문간찰 용례집과 한글간찰 용례집으로 구분하여 목록을 작성하였다.

간찰 용례집은 현재 한국학중앙연구원 장서각(이하 장서각)과 서울대학교 규장각 한국학연구원(이하 규장각)에 고도서〉집부(集部)〉척독류(尺牘類)/서간류(書簡類)로 자료가 정리되어 있다. 먼저 장서각에는 총 46건의 간찰 용례집이 정리되어 있으며, 규장각에는 총 153건의 자료가 있다. 이밖에도 국립중앙도서관을 비롯하여 단국대학교 도서관, 성균관대학교 존경각, 연세대학교 도서관 등 여러 기관에서 간찰 용례집을 소장하고 있다. 아래 목록은 장서각과 규장각에 소장되어 있는 자료들과 국립중앙도서관 등에 소장되어 있는 편지 용례집 관련 자료들을 추가하여 한문간찰과 한글간찰 용례집을 구분하여 작성한 것이다. 자료 배열은 '자료명, 유형, 형태, 편저역자, 간행정보, 연도,

소장처' 등을 중심으로 하였으며, 기본적인 정보 제공은 2019년 4월 간행된 『DB구축의 이론과 실제』(경진출판)의 '일러두기'를 따랐다.

(1) 한문간찰 용례집

번호	자료명	유형	자료형태	편저역자	간행정보	연도	소장처	해제	원문보기
1	家間往復(書)式	書簡類	筆寫本			1906 (光武 10)	장서각		○
2	家藏[帖]	書簡類	筆寫本	申翊聖·申晸 撰		17세기	규장각	○	
3	簡牘	書簡類	筆寫本				규장각	○	○
4	簡牘	書簡類	筆寫本				규장각	○	○
5	簡牘	書簡類	筆寫本			1659 (孝宗 10) 이후	규장각	○	○
6	簡牘	書簡類	筆寫本	任聖約 (朝鮮) 編		1798 (正祖 22) 이후	규장각	○	○
7	簡牘	書簡類	筆寫本			1859 (哲宗 10)	규장각	○	○
8	簡牘	書簡類	木活字			1860 (哲宗 11)	규장각	○	○
9	簡牘	書簡類	手稿本	李昰應 (朝鮮) 書		19세기 전반~20세기 초	규장각	○	
10	簡牘	書簡類	筆寫本				규장각	○	
11	簡牘	書簡類	筆寫本				규장각	○	
12	簡牘	書簡類	手稿本	豊川任氏家		1864~1907 (高宗 年間)	규장각	○	
13	簡牘要抄	書簡類	筆寫本	魚允中 (朝鮮) 著		19세기	규장각	○	
14	簡牘精要	書簡類	木版本		由洞 新板	19세기 중반	규장각	○	

번호	자료명	유형	자료형태	편저역자	간행정보	연도	소장처	해제	원문보기
15	簡牘精要	書簡類	木活字			조선후기	규장각	○	
16	簡牘精要抄	書簡類	筆寫本				규장각	○	
17	簡牘抄	書簡類	筆寫本				장서각		○
18	簡牘抄	書簡類	筆寫本				장서각		○
19	簡牘會粹	書簡類	木版本				규장각	○	○
20	簡牘會粹	書簡類	木版本			19세기 중반	규장각	○	
21	簡式假令	書簡類	筆寫本			조선후기	규장각	○	
22	簡式類編	書簡類	木版本	錢謙益(淸) 編次			규장각	○	
23	簡什通帖	書簡類	筆寫本	趙衍龜 編			규장각	○	
24	簡什通帖	書簡類	筆寫本	趙衍龜 編		1792(正祖 16) 이후	규장각	○	○
25	簡什通帖	書簡類	筆寫本	尹鳳九(朝鮮) 著; 趙衍龜 編			규장각	○	○
26	艮齋先生尺牘	書簡類	石版本	田愚(朝鮮) 著; 權純命(朝鮮) 編		1893(高宗 30)	규장각	○	
27	艮齋先生尺牘	書簡類	石印本	田愚(朝鮮) 著; 權純命 編; 宋基冕 校		1953	장서각		
28	簡集	書簡類	筆寫本				장서각		○
29	簡札集	書簡類	筆寫本			19세기 중반	규장각		
30	簡牒	書簡類	筆寫本	尹淳(朝鮮) 書		1674~1720(肅宗 年間)	규장각	○	○
31	簡牒	書簡類	筆寫本				규장각	○	○
32	簡牒	書簡類	筆寫本				장서각		○
33	簡牒	書簡類	筆寫本	木活字			장서각		○

번호	자료명	유형	자료형태	편저역자	간행정보	연도	소장처	해제	원문보기
34	簡牒	書簡類	筆寫本				장서각		○
35	簡帖	書簡類	筆寫本				규장각	○	
36	簡帖	書簡類	筆寫本			1904 (光武 8)	장서각		○
37	簡帖	書簡類	筆寫本				장서각		○
38	簡帖總錄	書簡類	木版本				규장각	○	
39	江西試牘	書簡類	古活字本	許選(淸) 定		19세기 말~20세기 초	규장각		
40	皆川淇園尺牘	書簡類	筆寫本 (日本)				국도		
41	居家必用事類全集	書簡類	明版 (中國)	海澄 編			국도		
42	居家必用事類全集	書簡類	木版本				성균관대		
43	居家必用事類全集	書簡類	明版 (中國)		木板本 [明板]		中國國家圖書館		○
44	健餘先生尺牘	書簡類	木板影印本	尹會一 (淸) 撰	臺北: 藝文印書館	1966 (民國 55)	충남대		
45	經香館朶雲帖	書簡類	筆寫本	韓昌洙 (朝鮮) 編		1915	규장각	○	
46	癸巳往復書	書簡類	木版本	俞相基·尹拯 (朝鮮) 著		1718 (肅宗 44)	규장각	○	
47	古簡牘	書簡類	筆寫本				규장각	○	
48	古簡牘	書簡類	筆寫本			1800~1834 (純祖年間)	규장각	○	
49	古簡粧帖	書簡類	筆寫本			18세기 이후	규장각	○	○
50	古名流簡帖	書簡類	筆寫本			18세기 이후	규장각	○	○
51	槐文百選	書簡類	筆寫本	柳麟錫 (朝鮮) 編		19세기 후반~20세기 초	규장각	○	

번호	자료명	유형	자료형태	편저역자	간행정보	연도	소장처	해제	원문보기
52	校增分韻江湖尺牘	書簡類	新鉛活字本(中國)	溫儀鳳 編輯	中國:四明茹古齋	1893(光緖 19)	숙명여대		
53	管可壽尺牘	書簡類	木版本	管斯駿(淸) 輯		1886(光緖 12)	규장각	○	
54	管注秋水軒尺牘	書簡類	木板本	許思湄(淸) 著;婁世瑞(淸),管斯駿(淸) 註	簡玉山房	1883(光緖 9)	성균관		
55	管注秋水軒尺牘	書簡類	木板本(淸)	許思湄(淸) 著;婁世瑞(淸),管斯駿(淸) 註	中國:管可壽齋	1884(光緖 10)	서울대		
56	管注秋水軒尺牘	書簡類	木板本(淸)	許思湄(淸) 著	上海:江左書林	1885(光緖 11)	중도		
57	管注秋水軒尺牘	書簡類	石印本	許思湄(淸) 著;婁世瑞(淸),管斯駿(淸) 註	上海:簡玉山房	1888(光緖 14)	한양대		
58	歐蘇手簡	書簡類	木版本	歐陽修·蘇軾(宋)共著		1645(正保 2)	국도		○
59	歐蘇手簡	書簡類	木板本(日本)	歐陽修·蘇軾(宋)共著			규장각	○	
60	歐蘇手簡註解	書簡類	木板本(日本)	西川文仲(日本) 註解	京都(日本):竹苞書樓	1881(明治 14)	국도		○
61	歐蘇手束抄選	書簡類	木板本	歐陽脩;蘇軾 共著		1674(顯宗 15)	국도		○
62	舊雲帖	書簡類	筆寫本	韓章錫(朝鮮) 編		19세기후반~20세기 초	규장각	○	
63	菊翁書	書簡類	筆寫本				장서각		○
64	國朝七名公尺牘	書簡類	木板(日本)	屠隆 編	京都:田中市兵衛	1752(寶歷 2)	국도		

번호	자료명	유형	자료형태	편저역자	간행정보	연도	소장처	해제	원문보기
65	歸錢尺牘	書簡類	筆寫本	錢謙益(淸)·歸有光(明) 共著			규장각	○	
66	圭溪簡帖	書簡類	筆寫本	栗翁 編			규장각	○	
67	勤稟綠	書簡類	筆寫本			1912	규장각		
68	近世問答尺牘	書簡類	筆寫本			1923	원광대		
69	近世新編尺牘	書簡類	新鉛活字本	博文書館 編輯部 著	博文書館	1917	경기대		
70	近世新編尺牘	書簡類	新鉛活字本	金天熙 編		1900年代	고려대		
71	金玉尺牘	書簡類	筆寫本				영남대		
72	起居餘流	書簡類	筆寫本				장서각		○
73	金魯敬手札	書簡類	筆寫本	金魯敬(朝鮮) 書		18세기	규장각	○	
74	金尙憲書簡帖	書簡類	手稿本	金尙憲(朝鮮) 著		1644(仁祖 22) 이후	규장각	○	○
75	南維日錄	書簡類	筆寫本	金啓溫(朝鮮) 著			규장각	○	
76	農廬謾錄	書簡類	筆寫本	姜獻奎(朝鮮) 著		19세기 중반	규장각	○	
77	唐著如面談尺牘	書簡類	石版本(中國)				전남대		
78	大陣尺牘	書簡類	筆寫本			1884(高宗 21) 이후	규장각	○	○
79	大慧普覺禪師書	書簡類	木版本	[釋]宗杲(宋) 著; [釋]慧然(宋) 錄; 黃文昌(宋) 重編	順天: 大光寺	1511(中宗 6)	규장각	○	
80	大慧普覺禪師書	書簡類	木版本	[釋]宗杲(宋) 著; [釋]慧然(宋) 錄; 黃文昌(宋) 重編	公山	1543(中宗 38)	규장각	○	

번호	자료명	유형	자료 형태	편저 역자	간행 정보	연도	소장처	해제	원문 보기
81	大慧普覺禪師書	書簡類	木版本	[釋]慧能 (唐) 錄	成川	1630 (仁祖 8)	규장각	○	
82	大慧普覺禪師書	書簡類	木版本	[釋]宗杲 (宋) 著; [釋]慧然 (宋) 錄; 黃文昌 (宋) 重編	大慧普覺 禪師書	1642 (仁祖 20)	규장각	○	○
83	大慧普覺禪師書	書簡類	重刊 木版本	[釋]宗杲 (宋) 著; [釋]慧然 (宋) 錄; 黃文昌 (宋) 重編	靑松 普賢寺	1647 (仁祖 25)	규장각	○	
84	大慧普覺禪師書	書簡類	木版本	[釋]宗杲 (宋) 著; [釋]慧然 (宋) 錄; 黃文昌 (宋) 重編			규장각	○	
85	大慧普覺禪師書	書簡類	木版本	[釋]宗杲 (宋) 著; [釋]慧然 (宋) 錄; 黃文昌 (宋) 重編			규장각	○	
86	大慧普覺禪師書	書簡類	木版本	[釋]宗杲 (宋) 著; [釋]慧然 (宋) 錄; 黃文昌 (宋) 重編			규장각	○	
87	弢園尺牘	書簡類	新式 活字	王韜(淸) 著	大文書局	1887 (光緖 13)	규장각		
88	獨習日鮮尺牘	書簡類		鄭雲復 著	일한서방	1915	대구 가톨릭대		
89	東江先生尺牘帖	書簡類	陰刻 木板本	澤田麟 書		1777 (安永 6)	국도		
90	童覽	書簡類	筆寫本			19세기 이후	규장각	○	
91	東巖簡札	書簡類	筆寫本 (自筆本)	柳長源 (朝鮮) 著			장서각		○

번호	자료명	유형	자료형태	편저역자	간행정보	연도	소장처	해제	원문보기
92	東人彙寶	書簡類	筆寫本		靑龍齋		장서각		○
93	同齋公簡帖	書簡類	筆寫本				장서각		○
94	東池草堂尺牘	書簡類	新式活字本	謝鴻申(淸) 著	上海:印書局	1876(光緖 2)	규장각	○	
95	東坡尺牘	書簡類	筆寫本	蘇軾(唐)			국도		○
96	東坡尺牘	書簡類	筆寫本	蘇軾(宋) 著;丁若鏞(朝鮮) 謄		1762(英祖38)~1836(憲宗 2)	Harvard-Yenching Library		○
97	東坡先生尺牘	書簡類	筆寫本	蘇軾(宋) 著			전남대		
98	斗室尺牘	書簡類	筆寫本				부산대		
99	梅山先生書贈編	書簡類	筆寫本	洪直弼(朝鮮) 著		1875(高宗 12)	규장각	○	
100	梅香館尺牘	書簡類	新式活字	駱燦(淸) 著;施有麟(淸) 錄	上海:申報館	1884(光緖 10)	규장각		
101	俛書彙式	書簡類	新活字本	郭鍾錫(朝鮮) 著;裵炳翰(朝鮮) 彙集	昌寧:九溪亭	1930	경상대		
102	俛書彙式	書簡類	鉛活字本	郭鍾錫(朝鮮) 著;裵炳翰(朝鮮) 彙集	昌寧:九溪亭	1930	국도		
104	俛書彙式	書簡類	新活字本	郭鍾錫(朝鮮) 著;裵炳翰(朝鮮) 彙集	昌寧:九溪亭	1930	동국대		
103	俛書彙式	書簡類	新活字本	郭鍾錫(朝鮮) 著;裵炳翰(朝鮮) 彙集	昌寧:九溪亭	1930	동아대		
105	俛書彙式	書簡類	新活字本	郭鍾錫(朝鮮) 著;裵炳翰(朝鮮) 彙集	昌寧:九溪亭	1930	영남대		
106	俛書彙式	書簡類	新活字本	林鍾冕 編	馬山:文化印刷所	1930	원광대		

번호	자료명	유형	자료형태	편저역자	간행정보	연도	소장처	해제	원문보기
107	俀書彙式	書簡類	新鉛活字本	林鍾冕 編		1930	전남대		
108	名家尺牘	書簡類	鉛活字本(日本)	渡邊得次郎 編		1930(昭和 5)	국도		○
109	無雙金玉尺牘	書簡類	鉛活字本	姜羲永	서울:永昌書館	1932	계명대		
110	(頭註附音)無雙大金玉尺牘: 并附錄	書簡類	鉛活字本	高敬相 編	서울:三文社	1937	국도		
111	(註解附音)無雙金玉尺牘	書簡類	新活字本	姜羲永	서울:永昌書館		한양대		
112	無雙註解普通新式尺牘	書簡類	新鉛活字本	李鍾國 著;金東縉 編	서울:李種國	1930	국도		
113	無雙註解普通新式尺牘	書簡類	新活字本	金東縉 著	서울:德興書林	1945	원광대		
114	半園尺牘	書簡類	木版本	靜福山人(淸) 著;梁星源(淸) 鑑定		1876(光緖 2)	규장각	○	
115	白石書牘	書簡類	筆寫本	李容穆(朝鮮) 著		19세기 후반~20세기 초	규장각	○	
116	蓬萊仙館尺牘	書簡類	木板本(中國)	翟國棟(淸) 編輯;翟秉鈞;翟幹鈞(淸) 校刊	涇川:半舫草堂	1886(光緖 12)	고려대		
117	蓬萊仙館尺牘	書簡類	木板本(中國)	翟國棟(淸) 編輯;翟秉鈞;翟幹鈞(淸) 校刊		1887(光緖 13)	규장각	○	
118	分類文學尺牘全書	書簡類	石版本	진화상	上海:掃葉山房	1928	계명대		
119	分類箋註文辭大尺牘	書簡類	新活字本	鍾惺(明) 纂輯;馮夢龍 訂釋;王鼎 增輯	上海:求古齋	1922(中華 11)	성균관존경각		

번호	자료명	유형	자료형태	편저역자	간행정보	연도	소장처	해제	원문보기
120	分類箋註文學尺牘大全集	書簡類	新活字本	鍾惺(明) 纂輯; 馮夢龍 訂釋	上海: 求古齋	1921 (中華 10)	성균관 존경각		
121	分類尺牘備覽正集	書簡類	石版本		上海: 錦文堂	1909 (宣統 1)	숙명여대		
122	分類尺牘續集	書簡類	石版本		上海: 錦文堂	1909	원광대		
123	備門尺牘	書簡類	鉛印本	安泰瑩 編輯	廣德書館	1910	장서각		○
124	備音時體尺牘	書簡類	新鉛活字本	盧益亨 著	博文書館		경기대		
125	師友書牘	書簡類	筆寫本			19세기 전반 이후	규장각	○	○
126	思益堂日札	書簡類	古活字本	周壽昌(清) 著	上海: 申報館	1864 (同治 3)	규장각	○	
127	沙川竹西古柬	書簡類	筆寫本	申暻(朝鮮) 編		18세기	규장각	○	
128	散牘	書簡類	筆寫本				규장각	○	
129	三山齋金先生簡帖	書簡類	筆寫本	李鍾斗		1858 (哲宗 9)	규장각	○	
130	三淵三大書	書簡類	筆寫本	金昌翕(朝鮮) 著			장서각		○
131	商賈尺牘	書簡類	木版本			1884 (光緒 10)	규장각		
132	詳校補註秋水軒尺牘	書簡類	木版本	許思湄(清) 著; 婁世瑞(清) 注釋; 管斯駿(清) 補注	管可壽齋	1884 (光緒 10)	규장각	○	
133	詳校補註正續秋水軒尺牘	書簡類	石版本 (石印本)	許思湄(清) 著; 婁世瑞 注釋; 管斯駿 補注	春革堂	1894 (光緒 20)	성균관 존경각		
134	詳校合刻春雲閣尺牘	書簡類	木版本	龔萼(清) 著; 王嵩慶(清) 等校		1884 (光緒 10)	규장각	○	
135	書簡文	書簡類	筆寫本				규장각		
136	書簡文	書簡類	筆寫本				규장각		

번호	자료명	유형	자료형태	편저역자	간행정보	연도	소장처	해제	원문보기
137	書簡文	書簡類	筆寫本				규장각	○	
138	書簡式	書簡類	筆寫本				장서각		○
139	書簡帖	書簡類	筆寫本			1891 (高宗 28) 이후	규장각	○	
140	書簡抄集	書簡類	筆寫本				장서각		○
141	徐氏家寶	書簡類	筆寫本			18세기 이후	규장각	○	○
142	書儀	書簡類	筆寫本				전남대		
143	先輩簡牘	書簡類	筆寫本			17세기 후반 이후	규장각	○	○
144	先輩手柬	書簡類	筆寫本	金光國 (朝鮮) 編		1750 (영조 26)	규장각	○	○
145	先世遺札	書簡類	筆寫本				규장각	○	○
146	先世遺墨帖	書簡類	筆寫本	韓昌洙 (朝鮮) 編		19세기 후반~20세기 초	규장각	○	
147	世藏翰帖	書簡類	筆寫本	金天柱 編			규장각	○	
148	素琴尺牘	書簡類	筆寫本				국도		○
149	昭代名人尺牘小傳	書簡類	木板本	吳修(淸) 撰; 劉晩榮 (淸) 編	中國: 藏修書屋	1871 (同治 10)	서울대		
150	昭代名人尺牘小傳	書簡類	木板本	吳修(淸) 編	杭州: 亦囡齋	1881 (光緖 7)	규장각	○	
151	昭代名人尺牘小傳	書簡類	石版本 (中國)	吳修(淸) 編	上海: 集古齊	1908	국도		
152	蘇東坡尺牘	書簡類	石版本	蘇軾(宋) 著	上海: 掃葉山房	1911 (宣統 3)	동국대		
153	蘇東坡尺牘	書簡類	新活字本 (中國)	蘇軾(宋) 著; 陶樂勤 編	上海: 掃葉山房	1932	원광대		
154	蘇東坡黃山谷尺牘全編	書簡類	石版本 (中國)	蘇軾(宋) 著	上海: 著易堂	1908 (光緖 34)	이화여대		

번호	자료명	유형	자료형태	편저역자	간행정보	연도	소장처	해제	원문보기
155	素雅堂尺牘	書簡類	筆寫本 (眞筆本)	金宅義 (朝鮮) 等 著		憲宗~ 高宗 年間 (1835~ 1882)	성암고서 박물관		
156	蘇長公尺牘	書簡類	石版本 (石印)	蘇軾, 黃庭堅 共著	上海: 文益書局	1923	영남대		
157	小倉山房尺牘	書簡類	筆寫本 (中國)	胡光斗 著		1859 (咸豐 9)	경희대		
158	小倉山房尺牘	書簡類	木板本 (中國)	袁枚 著; 胡光斗 釋		1886 (光緖 12)	국도		
159	小倉山房往還書札全集	書簡類	石版本	袁枚(淸) 著; 朱士俊(淸)· 沈錦垣 (淸) 共編	點石齊	1887 (光緖 13)	규장각	○	
160	送朴梓奉使日本序帖	書簡類	手稿本	柳夢寅 (朝鮮) 等書		1617 (光海君9)	규장각	○	
161	宋三大師尺牘	書簡類	木板本	祖漸 (日本) 抄編	京都: 松月堂	1778 (安永 7)	동국대		
162	隨園尺牘	書簡類	筆寫本				국학진흥원		
163	袖珍適軒尺牘	書簡類	重刊 木版本	徐菊生 (淸) 著	掃葉山房	1885 (光緖 11)	규장각	○	
164	拾遺	書簡類	筆寫本				장서각		○
165	勝朝越郡名賢尺牘	書簡類	古 活字本		上海: 申報館	1875~ 1908	규장각	○	
166	時體草簡帖	書簡類	石印本	李柱浣 編寫	서울: 永豐書館	1913	성균관 존경각		
167	時函撮要	書簡類	筆寫本				장서각		○
168	息盦尺牘	書簡類	古 活字本	陳觀圻 (淸) 稿	申報館仿	1884 (光緖 10)	규장각	○	
169	新式金玉尺牘	書簡類	新 活字本	池松旭 著	서울	1924 (大正 13)	대구 가톨릭대		
170	新式備門尺牘	書簡類	新鉛 活字本	趙男熙 著	서울: 東洋書阮	1921 (大正 10)	안동대		
171	新式備門尺牘	書簡類	新鉛 活字本	趙男熙 著	서울: 東洋書阮	1926 (昭和 元年)	인하대		

번호	자료명	유형	자료 형태	편저 역자	간행 정보	연도	소장처	해제	원문 보기
172	新式備門尺牘	書簡類	新鉛 活字本	趙男熙 著	서울: 東洋書院	1926 (昭和 元年)	한양대		
173	新式諺文 無雙尺牘	書簡類	新 活字本	高裕相 著	서울: 匯東書館	1925 (大正 14)	한양대		
174	新增尺牘稱呼合解	書簡類	新式 活字	江耀(淸) 纂	香港: 文裕堂	1886 (光緖 12)	규장각	○	
175	新撰尺牘完編	書簡類	新鉛 活字本	朴晶東 著; 金雨均 校正	서울: 同文社	1908 (隆熙 2)	국민대		
176	新撰尺牘完編	書簡類	新鉛 活字本	朴晶東 著; 金雨均 校正	서울: 同文社	1908 (隆熙 2)	한양대		
177	新撰尺牘完編	書簡類	新鉛 活字本	朴晶東 著; 金雨均 校正	서울: 同文社	1910 (隆熙 4)	중앙대		
178	新撰尺牘完編	書簡類	鉛 活字本	金雨均 [編]	서울: 中央書館	1912 (大正 元年)	계명대		
179	新撰尺牘完編	書簡類	鉛 活字本	金雨均 [編]	서울: 中央書館	1912 (大正 元年)	단국대		
180	新撰尺牘完編	書簡類	鉛 活字本	金雨均 [編]	서울: 中央書館	1912 (大正 元年)	경기대		
181	新輯尺牘合璧	書簡類	鉛 活字本 (中國)	許思湄 編	上海: 千頃堂	1887 (光緖 13)	국도		
182	新輯尺牘合璧	書簡類	石版本 (石印本)	許思湄 (淸) 著; 婁世瑞 註	上海: 同文書局	1887 (光緖 13)	성균관 존경각		
183	新輯尺牘合璧	書簡類	石版本 (中國)	許思湄 (淸) 著; 婁世瑞 注; 寄虹軒 輯	上海: 千頃堂	1904 (光緖 30)	고려대		
184	新輯秋水軒尺牘	書簡類	石版本	許思湄 (淸) 著; 婁世瑞 注; 寄虹軒主人 輯	上海: 宏文閣	1913 (民國 2)	동국대		

번호	자료명	유형	자료형태	편저역자	간행정보	연도	소장처	해제	원문보기
185	新輯秋水軒尺牘	書簡類	石版本	許思湄 (淸) 著; 婁世瑞 注; 寄虹軒主人 輯	上海: 會文堂 書局		영남대		
186	新選尺牘完編	書簡類	筆寫本				원광대		
187	新編尺牘	書簡類	筆寫本				장서각		○
188	新編尺牘大方	書簡類	新鉛活字本	池松旭 著	서울: 新舊書林	1915	안동대		
189	新編尺牘大方	書簡類	新鉛活字本	池松旭 著		1916	장서각	○	○
190	新編尺牘大方	書簡類	新鉛活字本	池松旭 著	서울: 新舊書林	1919	성균관 존경각		
191	新編尺牘大方	書簡類	新鉛活字本	池松旭 著	서울: 新舊書林	1920	가톨릭대		
192	新編尺牘大方	書簡類	新鉛活字本	池松旭 著			국도		
193	雙鯉盒尺牘	書簡類	木版本	黎㠀臥 (淸) 著	上海: 文海堂 書坊	1882 (光緖 8)	규장각	○	
194	雙鯉軒尺牘句解	書簡類	石版本	雙鯉軒主人 [編]	中國		계명대		
195	臼山尺牘	書簡類	筆寫本				경기대		
196	魚鴈集	書簡類	筆寫本				장서각		○
197	魚鴈集	書簡類	筆寫本				장서각		○
198	魚鴈帖	書簡類	筆寫本				장서각		○
199	諺書帖	書簡類	筆寫本				장서각		○
200	廬詞客渾	書簡類	筆寫本			18세기 전반 이후	규장각	○	
201	如水錄	書簡類	筆寫本				장서각		○
202	硯北拾遺	書簡類	筆寫本				장서각		○
203	延安李氏簡帖	書簡類	筆寫本			19세기 이후	규장각	○	
204	燕杭詩牘	書簡類	筆寫本			1932	규장각	○	

번호	자료명	유형	자료형태	편저역자	간행정보	연도	소장처	해제	원문보기
205	燕杭詩牘	書簡類	筆寫本			1933	규장각	○	○
206	五色瓜廬尺牘叢殘	書簡類	木版本	邵慶辰 (淸) 著		1882 (光緒 8)	규장각	○	
207	玉餘尺牘附編	書簡類	木版本	莊士敏 (淸) 著	掃葉山房	1880 (光緒 6)	규장각	○	
208	阮堂簡帖	書簡類	筆寫本	金正喜 (朝鮮) 書		19세기 후반 이후	규장각	○	○
209	阮堂先生簡帖	書簡類	筆寫本	金正喜 (朝鮮) 書			규장각	○	○
210	阮堂尺牘	書簡類	金屬活字本 (全史字)	金正喜 (朝鮮) 書		哲宗年間 (1849~1863)	규장각	○	
211	阮堂尺牘	書簡類	筆寫本	金正喜 (朝鮮) 書		1867 (高宗 4)	日本東洋文庫		
212	阮堂尺牘	書簡類	金屬活字本 (全史字)	金正喜 (朝鮮) 書		1867 (高宗 4)	규장각	○	
213	阮堂尺牘	書簡類	筆寫本	金正喜 (朝鮮) 書			규장각	○	
214	阮堂尺牘	書簡類	筆寫本	金正喜 (朝鮮) 書			경기대		
215	阮堂尺牘	書簡類	筆寫本	金正喜 (朝鮮) 書 著; 南秉吉 編		1867~1910 (正宗~高宗年間)	장서각		
216	阮堂尺牘	書簡類	木活字本	金正喜 (朝鮮) 書			장서각		
217	阮堂尺牘	書簡類	木活字本	金正喜 (朝鮮) 書 著; 南秉吉 編			부산대		
218	阮堂尺牘鈔	書簡類	筆寫本	金正喜 (朝鮮) 書		高宗年間 (1864~1906)	고려대		
219	王介甫尺牘	書簡類	古活字本	王安石 (宋) 撰	上海: 商務印書館	1935 (民國 24)	규장각	○	

번호	자료명	유형	자료형태	편저역자	간행정보	연도	소장처	해제	원문보기
220	往復書簡帖	書簡類	筆寫本				장서각		○
221	尤翁語錄	書簡類	筆寫本			조선후기	규장각	○	
222	遺柬	書簡類	筆寫本	朴泰輔 (朝鮮) 著		1674~1720 (肅宗 年間)	규장각	○	
223	儒近撮要	書簡類	筆寫本				장서각		○
224	惟月尺牘	書簡類	筆寫本				국도	○	○
225	有正味齋尺牘	書簡類	聚珍本	吳錫麒 (淸) 著; 陳以眞 (淸) 校	著易堂	1886 (光緒 12)	규장각	○	
226	六梅書屋尺牘	書簡類	木版本	淩丹階 (淸) 著; 淩雲霄 (淸) 校	滬北: 江左書林	1872 (同治 11)	규장각	○	
227	隱峯師友簡牘	書簡類	筆寫本				장서각		○
228	隱峯先生師友錄	書簡類	木活字			1796 (正祖 20)	규장각	○	
229	音註小倉山房尺牘	書簡類	木板本	袁枚(淸) 著; 胡光斗 箋釋	上海: 掃葉山房	1886 (光緒 12)	고려대		
230	音註小倉山房尺牘	書簡類	木板本	袁枚(淸) 著; 胡光斗 箋釋	上海: 掃葉山房	1886 (光緒 12)	국도		
231	音註小倉山房尺牘	書簡類	木板本	袁枚(淸) 著; 胡光斗 箋釋	中國: 申昌書局	1901 (光緒 27)	동국대		
232	音註小倉山房尺牘	書簡類	石版本 (中國)	袁枚(淸) 著; 胡光斗 箋釋	上海: 上海書局	1905 (光緒 31)	이화여대		
233	音註小倉山房尺牘選	書簡類	筆寫本	袁枚(淸) 著; 胡光斗 輯			규장각	○	
234	飮香尺牘分類詳註	書簡類	筆寫本		서울	1914	국도		○
235	一堂書牘	書簡類	手稿本	李完用 (朝鮮) 著		20세기 전반	규장각	○	
236	翼宗簡帖	書簡類	手稿本	翼宗 (朝鮮) 書		1809~1830 (翼宗 年間)	규장각	○	○

번호	자료명	유형	자료형태	편저역자	간행정보	연도	소장처	해제	원문보기
237	林將軍瓊琚帖	書簡類	筆寫本			18세기 후반 이후	규장각	○	
238	潛叟牘	書簡類	筆寫本				장서각		○
239	雜錄綴	書簡類	筆寫本				규장각	○	
240	訂正江湖尺牘句解	書簡類	石版本(中國)		上海: 會文堂	1915 (民國 4)	고려대		
241	訂正江湖尺牘句解	書簡類	石版本(中國)		上海: 會文堂	1915 (民國 4)	전북대		
242	訂正江湖尺牘句解	書簡類	石版本(中國)		上海: 會文堂	1915 (民國 4)	동국대		
243	諸宰奇賞	書簡類	筆寫本				규장각	○	
244	諸宰珍賞	書簡類	筆寫本				규장각	○	
245	朝鮮名流書簡帖	書簡類	筆寫本			19세기 초	규장각	○	
246	朝鮮支那名家書翰帖	書簡類	筆寫本			1900년 이후	규장각	○	
247	硃批校補知愧軒尺牘	書簡類	木版本	管斯駿(淸) 著, 姚印詮(淸) 注, 王廷學(淸) 校	蘇州: 掃葉山房	1886 (光緒 12)	규장각	○	
248	註解附音模範金玉尺牘	書簡類	鉛活字本	申泰三 著	서울: 世昌書館	1934	국도		○
249	註解附音無雙金玉尺牘	書簡類	新活字本	姜義永 著	서울: 永昌書館		한양대		
250	註解附音新式尺牘	書簡類	新鉛活字本	盧益亨 著	博文書館	1925 (昭和 元年)	경상대		
251	註解附音尺牘大鑑	書簡類	新鉛活字本	金東縉 著	서울: 德興書林	1924 (大正 13)	한양대		
252	註解附音尺牘大鑑	書簡類	新鉛活字本	金東縉 著	서울: 德興書林	1929 (昭和 4)	국민대		
253	註解附音尺牘大鑑	書簡類	新鉛活字本	金東縉 著	서울: 德興書林	1939 (昭和 14)	전남대		
254	竹石尺牘	書簡類	筆寫本	徐榮輔(朝鮮) 書		19세기 초	규장각	○	○

번호	자료명	유형	자료형태	편저역자	간행정보	연도	소장처	해제	원문보기
255	中等學校支那時文讀本	교과서	新活字本	鹽谷溫日本編	東京:開隆堂	1939	한양대		
256	中士尺牘	書簡類	筆寫本	汪喜孫(淸)等書			고려대		
257	中華近體尺牘	書簡類	木板本(日本)	周壯十郞 編	大阪:三思堂	1880(明治 13)	국도		○
258	中華尺牘	書簡類	筆寫本				경기대		
259	增廣尺牘句解	書簡類	鉛活字本(中國)	桃花館 編	上海:商務印書館	1906(光緖 32)	국도		
260	增廣尺牘句解	書簡類	石版本(石印本)	少溪(中華) 編		1909(宣統 1)	성균관존경각		
261	曾文正公書札	書簡類	古活字本	曾國藩(淸) 著	申報館	1887(光緖 13)	규장각	○	
262	曾文正公尺牘	書簡類	木版本	曾國藩(淸) 著	磊石書屋	1884(光緖 10)	규장각	○	
263	增補江湖尺牘分韻撮要合集	書簡類	木版本	吳學圃(淸) 輯;溫岐石 輯	掃葉山房	1891(光緖 17)	성균관존경각		
266	增補流行新式普通尺牘	書簡類	新鉛印本	姜義渟編	永昌書館		장서각		○
264	增補分類詳註飮香尺牘	書簡類	木板本(淸)	飮香居士(?) 原輯;備隱子(淸) 註		1876(光緖 2)	국도		
267	增補如面談新集	書簡類	筆寫本				장서각	○	○
265	增補流行新式普通尺牘	書簡類	新鉛印本	姜義永 編	서울:永昌書館	1927	장서각		
268	增補字典尺牘完編	書簡類	新鉛活字本	金雨均 編著	서울:同文書林	1912	한양대		
269	增補字典尺牘完編	書簡類	新活字本	金雨均 編著	서울:同文書林	1916	원광대		
270	增補字典尺牘完編	書簡類	新活字本	金雨均 編著	서울:同文書林	1916	장서각		○
271	增補字典尺牘完編	書簡類	新式活字本	金雨均 編著	서울:同文書林	1920	경희대		

번호	자료명	유형	자료형태	편저역자	간행정보	연도	소장처	해제	원문보기
272	增補尺牘完編	書簡類	新活字本	金雨均 編纂	서울:中央書館	1912(明治 45)			
273	增批蘇黃尺牘合編	書簡類	石板本	黃始靜 箋輯	中國:千頃堂書局	1915(民國 4)	원광대		
274	增批蘇黃尺牘合編	書簡類	石板本	蘇軾(宋),黃庭堅(宋),黃始靜 [編]	中國:千頃堂書局	1930(民國 19)	계명대		
275	增批蘇黃尺牘合編	書簡類	石版本(石印本)	黃始 箋輯;朱霆 等纂閱	中國:千頃堂書局	1930(民國 19)	성균관존경각		
276	增批蘇東坡黃山谷尺牘合編	書簡類	石版本[中國]	黃始靜 箋輯	中國:千頃堂	1930	원광대		
277	增選尺牘初	書簡類	中國石印本		上海:煥文書局	1895(高宗 31)	장서각		
278	知愧軒尺牘	書簡類	木版本	管斯駿(淸) 著		1879(光緖 5)	규장각	○	
279	增註附音流行金玉尺牘	書簡類		李鐘國 著	서울:德興書林	1934	국도		○
280	增註附音流行金玉尺牘	書簡類		李鐘國 著	서울:德興書林	1936	경희대		
281	搢紳赤牘	書簡類	筆寫本			1933	규장각	○	○
282	滄海公遺簡帖	書簡類	筆寫本	滄海公 著;景說(朝鮮) 編		1888(高宗 25)	규장각	○	
283	尺牘	書簡類	筆寫本				원광대		
284	尺牘	書簡類	筆寫本	郭鍾錫 等著			국도		○
285	尺牘	書簡類	筆寫本	金剛道人			대구가톨릭대		
286	尺牘	書簡類	筆寫本				부산대		
287	尺牘	書簡類	筆寫本				부산대		
288	尺牘	書簡類	筆寫本			高宗末頃(1880~1900)	고려대		

번호	자료명	유형	자료형태	편저역자	간행정보	연도	소장처	해제	원문보기
289	尺牘	書簡類	筆寫本				국도		
290	尺牘	書簡類	筆寫本				경기대		
291	尺牘	書簡類	筆寫本				고하문학관		
292	尺牘 坤(尺牘要覽卷之四 外篇)	書簡類	筆寫本				국도		○
293	尺牘軌範	書簡類	筆寫本				영남대		
294	尺牘奇賞	書簡類	筆寫本				단국대		
295	尺牘大成	書簡類	鉛活字本	玄采 編撰	서울:大昌書院	1917(大正 6)	단국대		
296	尺牘大方	書簡類	鉛活字本	池松旭 [編]			계명대		
297	(新編)尺牘大方	書簡類	新鉛活字本	池松旭 編	서울:新舊書林	1919	단국대		
298	(新編)尺牘大方	書簡類	鉛印版	申泰三 刊編	서울:世昌書館	1962	국도		
299	尺牘四條	書簡類	筆寫本	崔雲亭 著			원광대		
300	尺牘碎錦	書簡類	筆寫本				단국대		
301	尺牘隨錄	書簡類	筆寫本				안동대		
302	尺牘粹語	書簡類					동아대		
303	尺牘新鈔結隣集	書簡類	木版本	周在梁(淸) 等抄		1754(乾隆 19)	규장각	○	
304	尺牘嚶求集	書簡類	木版本	繆良(淸) 著		1869(同治 8)	규장각	○	
305	尺牘語式	書簡類	木板本(日本)	大田禪師 著	京都:柳技軒	1773(安永 2)	국도		
306	尺牘易知錄	書簡類	新活字本(中國)	司花史 輯	中國		원광대		
307	尺牘完編	書簡類	新鉛印本	金雨均(朝鮮) 編		1904(光武 8)	국회		
308	尺牘完編	書簡類	新鉛活字本	崔性學,金雨均 共編	서울	1905(光武 9)	한양대		
309	尺牘要覽	書簡類	筆寫本				규장각	○	○

번호	자료명	유형	자료 형태	편저 역자	간행 정보	연도	소장처	해제	원문 보기
310	尺牘要覽	書簡類	筆寫本				규장각	○	
311	尺牘要覽	書簡類	筆寫本	沈錫永 著			大阪府立 中之島 圖書館		
312	尺牘要覽	書簡類	筆寫本				경기대		
313	尺牘要覽	書簡類	筆寫本				국도		○
314	尺牘要覽	書簡類	筆寫本		玄橋精舍	1964	고려대		
315	尺牘類聚	書簡類	筆寫本				이화여대		
316	尺牘類編	書簡類	筆寫本				동국대		
317	尺牘藏弆集	書簡類	筆寫本	朴周鍾 (朝鮮) 輯			규장각	○	○
318	尺牘全	書簡類	筆寫本				장서각		
319	尺牘精要	書簡類	筆寫本				원광대		
320	尺牘集	書簡類	筆寫 影印本	聖眞 編	서울: 國立中央 圖書館	1994	국도		
321	尺牘纂要	書簡類	筆寫本				경희대		
322	尺牘合璧	書簡類	石版本	許思湄 (淸) 著; 婁世瑞 (淸) 注; 寄虹軒主人 (淸) 輯	上海: 同文書局	1887 (光緒 13)	규장각		
323	尺牘纂要	書簡類	筆寫本				경희대		
324	尺牘會粹	書簡類	筆寫本				경기대		
325	惕齋書牘	書簡類	筆寫本	李書九 (朝鮮) 著		1934	규장각	○	
326	靑邱尺牘	書簡類	筆寫本				규장각	○	
327	靑樓尺讀	書簡類	木版本	嬌鈴女史 (淸) 編		1887 (光緒 13)	규장각	○	
328	淸人簡格	書簡類	筆寫本	李昰應 (朝鮮) 輯		1863~ 1907 (高宗 年間)	규장각	○	

번호	자료명	유형	자료형태	편저역자	간행정보	연도	소장처	해제	원문보기
329	淸朝名人尺牘	書簡類	默筆影印本(日本)	福本雅一(日本) 監修	和泉:上田眞山	1996	동국대		
330	草簡牘	書簡類	木版本			조선후기	규장각	○	
331	草簡牘	書簡類	木版本			조선후기	규장각	○	
332	草簡牘	書簡類	筆寫本			戊辰(?)	모덕사		○
333	艸簡牘	書簡類	筆寫本				장서각		○
334	楚吏謝書簡集	書簡類	筆寫本			조선후기	규장각	○	○
335	(釋字附音)最新金玉尺牘	書簡類	新鉛活字本	李鍾楨 著;光東書局編輯部 編纂	서울:光東書局	1925(大正 14)	한양대		
336	最新詳註分類尺牘全書	書簡類	石版本(石印本)	袁智根(中華) 編	上海:群學書社	1919(民國 8)	성균관존경각		
337	最新尺牘	書簡類	新鉛活字本	南宮濬 編	서울:唯一書館	1920(大正 9)	숙명여대		
338	最新尺牘大觀	書簡類	新鉛活字本	高裕相 著	서울:匯東書館	1923(大正 12)	경희대		
339	最新尺牘大觀	書簡類	新鉛活字本	匯東書館編輯部 編纂	서울:匯東書館	1923(大正 12)	단국대		
340	秋史簡帖	書簡類	筆寫本	金正喜(朝鮮) 書		1880~1834(純祖年間)	규장각	○	○
341	秋史尺牘	書簡類	筆寫本	金正喜(朝鮮) 書 著			今西龍文庫(天理大學)		
342	秋史尺牘	書簡類	筆寫本	金正喜(朝鮮) 書 著		19세기	규장각	○	○
343	秋史尺牘	書簡類	複寫本	金正喜(朝鮮) 書 著	국립중앙	1991	국도		
344	春在堂尺牘	書簡類	木版本	俞樾(淸) 著		1885(光緖 11)	규장각	○	
345	朵雲帖	書簡類	筆寫本	韓昌洙(朝鮮) 編		19세기말~20세기 초	규장각	○	

번호	자료명	유형	자료형태	편저역자	간행정보	연도	소장처	해제	원문보기
346	退溪先生短牘	書簡類	筆寫本	李滉 (朝鮮) 著		조선후기	규장각	○	
347	退溪先生書節要	書簡類	筆寫本	李滉 (朝鮮) 著, 李象靖 (朝鮮) 編			규장각	○	
348	(註解附音) 特別金玉尺牘	書簡類	鉛活字本	姜範馨 著	서울: 和光書林	1936	국도		○
349	坡山竹西古束	書簡類	筆寫本	申晥 (朝鮮) 編		18세기	규장각	○	
350	寒暄要覽	書簡類	筆寫本			19세기 후반 이후	규장각	○	
351	寒暄要覽	書簡類	筆寫本				규장각		
352	寒暄要覽	書簡類	筆寫本				국도		○
353	寒暄劄錄	書簡類	筆寫本			1819 (純祖 19)	원광대		
354	寒暄劄錄	書簡類	筆寫本			1859 (哲宗 10)	국도		○
355	寒暄劄錄	書簡類	筆寫本			1882 (高宗 19)	영남대		
356	寒暄劄錄	書簡類	整理字體鐵活字飜刻本			조선말기	성균관 존경각		
357	寒暄劄錄	書簡類	整理字體鐵活字飜刻本			조선말기	성균관 존경각		
358	寒暄劄錄	書簡類	木版本			조선말기	전주대		
359	寒暄劄錄	書簡類	筆寫本				경기대		
360	寒暄劄錄	書簡類	筆寫本				계명대		
361	寒暄劄錄	書簡類	筆寫本				고려대		
362	寒暄劄錄(卷1~5)	書簡類	木活字本				국도	○	○
363	寒暄劄錄	書簡類	木板本				국도	○	○

번호	자료명	유형	자료형태	편저역자	간행정보	연도	소장처	해제	원문보기
364	寒暄箚錄1~3 (卷1~5)	書簡類	木板本				국도	○	○
365	寒暄箚錄(卷1)	書簡類	木活字本(後期)				국도		○
366	寒暄箚錄(卷4~5)	書簡類	木板本				국도	○	○
367	寒暄箚錄(冊1~3)	書簡類	木板本				국도	○	○
368	寒暄箚錄	書簡類	筆寫本	金宏弼 (朝鮮) 著			규장각	○	
369	寒暄箚錄	書簡類	木活字本	金宏弼 (朝鮮) 著			규장각	○	
370	寒暄箚錄	書簡類	木板本				규장각	○	
371	寒暄箚錄	書簡類	木版本				단국대		
372	寒暄箚錄	書簡類	木活字本	金宏弼 (朝鮮) 著			숙명여대		
373	寒暄箚錄	書簡類	筆寫本				연세대		
374	寒暄箚錄	書簡類	筆寫本				영남대		
375	寒暄箚錄	書簡類	筆寫本				원광대		
376	寒暄箚錄	書簡類	木版本	金宏弼 (朝鮮) 撰			장서각		○
377	寒暄箚錄	書簡類	木版本				전남대		
378	寒暄箚錄	書簡類	筆寫本				춘호재		○
379	寒暄箚錄	書簡類	木版本				日本大阪府立中之島圖書館		
380	海東尺牘	書簡類	金屬活字本(新鉛活字)	具羲書 編	서울: 光東書局	1914 (大正 3)	부산대		
381	海東名家尺牘	書簡類	新鉛活字本	具書羲 (韓國) 編輯	서울: 光東書局	1914 (大正 3)	동국대		
382	海隣尺素	書簡類	筆寫本	李尙迪 (朝鮮) 編		1860년 (哲宗 11) 이후	규장각	○	

번호	자료명	유형	자료형태	편저역자	간행정보	연도	소장처	해제	원문보기
383	海隣尺牘	書簡類	筆寫本	王鴻 著; 李尙迪 編			今西龍文庫 (天理大學)		
384	海隣尺牘	書簡類	複寫本	王鴻 著; 李尙迪 編	국립중앙	1991	국도		
385	海隣尺牘鈔	書簡類	筆寫本	吳筠廷 編兼書			국도		
386	杏海尺牘	書簡類	鉛活字本	金魯東 著	명문당	1962	국도		○
388	昏書式尺牘粹畵	書簡類	筆寫本				영남대		
390	蒿庵尺牘	書簡類	筆寫本				국도		○
389	華東尺牘	書簡類	筆寫本				경기대		
391	華使尺牘	書簡類	筆寫本	吳長慶 (淸) 等著			天理大學 附屬天理 圖書館		
393	華使尺牘	書簡類	影印本	吳長慶 (淸) 等著			국도		
392	花月尺牘	書簡類	石版本 (中國)	臥游臥讀生 手輯; 溫柔鄕裏人 目校	上海	1906 (光緒 32)	고려대		
395	黃山谷尺牘	書簡類	石版本	黃庭堅 (宋) 著	上海: 掃葉山房	1911 (宣統 3)	동국대		
394	後洞問答	書簡類	筆寫本	尹宣擧 (朝鮮) 等著		18세기 이후	규장각	○	
387	候謝類輯 (卷1, 附錄)	書簡類	木版本		서울: 武橋	1777 (正祖 1) 이후	고려대		
396	候謝類輯	書簡類	筆寫本			戊辰	단국대		
397	候謝類輯	書簡類	筆寫本				고하 문학관		
398	候謝類輯	書簡類	木版本				국도		
399	候謝類輯	書簡類	筆寫本				숙명여대		
400	候謝類輯	書簡類	木版本		서울: 武橋		춘호재		

번호	자료명	유형	자료형태	편저역자	간행정보	연도	소장처	해제	원문보기
401	後編庽尺牘	書簡類	木板本 (中國)	葉向高 著	중국		고려대		
402	欣賞齋尺牘	書簡類	中國 石印本	曹仁鏡 (淸)手輯; 柳江陶 (淸)閱正	廣百宋齋	1893 (光緒 19)	장서각		
403	欣賞齋尺牘	書簡類	石版本	曹仁鏡 (淸)手輯; 柳江陶 (淸)閱正			동아대		

(2) 한글간찰 용례집

번호	자료명	유형	자료형태	편저역자	간행정보	연도	소장처	해제	원문보기	비고
1	家庭 鮮文寶鑑	書簡類	增補 [版]	姜義永 編	京城: 惟一書館	1918	국도			
2	가뎡언문 時行尺牘	書簡類	8版	姜夏馨 著	京城: 太華書館	1926	국도			
3	가정실용반초언 문척독	書簡類	石版本	尹用燮 [編]	서울: 世昌書館	1931	국도		○	
4	가정실용반초언 문척독	書簡類	石版本	尹用燮 [編]	서울: 世昌書館	1931	국도		○	
5	가정실용반초언 문척독	書簡類	石版本	尹用燮 [編]	서울: 世昌書館	1931	경기대			
6	가정언문 最新現 行尺牘	書簡類	新鉛 活字本		서울: 世昌書館	1952	Columbia University Library			
7	가정언문편지투	書簡類	新鉛 活字本	德興書林 編	京城: 德興書林	1929	국도			
8	家庭尺牘	書簡類	新鉛 活字本	姜義永 著	京城: 永昌書館	1923	국도		○	
9	家庭尺牘	書簡類	筆寫本	柳貴禮 書			규남 박물관		○	

번호	자료명	유형	자료 형태	편저 역자	간행 정보	연도	소장처	해제	원문 보기	비고
10	簡禮精集	書簡類	筆寫本				국학 진흥원			
11	京鄕通商旅行尺牘	書簡類	新鉛 活字本	鄭敬哲 著	서울: 廣文書局	1919	고려대			
12	高等尺牘	書簡類	新鉛 活字本	郭瓚 著	서울	1900년대	대구 가톨릭대			
13	高等朝鮮語及漢 文讀本	교과서	沿 活子本	朝鮮 總督府 著	서울	1924	경상대			
14	高等朝鮮語及漢 文讀本	교과서	新鉛 活字本	朝鮮 總督府 編	서울: 朝鮮 總督府	1924~19 26	충남대			
15	(女子)高等朝鮮 語讀本	교과서	新鉛 活字本	朝鮮 總督府 編	서울: 朝鮮 總督府	1923	단국대			
16	(女子)高等朝鮮 語讀本	교과서	新鉛 活字本	朝鮮 總督府 編	서울: 朝鮮 總督府	1924	충남대			
17	국문편지투	書簡類	筆寫本				연세대			
18	(現行) 국문편지투	書簡類	筆寫本	金赫濟	서울: 明文堂	1952	국도			
19	國文句解新纂尺 牘	書簡類	新 鉛活字	李鼎煥 [編]	서울: 大昌書院	1913	경기대			
20	群彦簡牘	書簡類	筆寫本				부산대			
21	閨門寶鑑	書簡類	鉛 活字本	徐雨錫 編	서울	1936	국도		○	
22	閨門寶鑑	書簡類	木板本	徐雨錫 編輯	서울	1936	경상대		○	
23	閨門寶鑑	書簡類	鉛 活字本	金鎭孝	大邱: 文昌社	1951	계명대			
24	閨門寶鑑	書簡類	新式 活字本				영남대			
25	閨門寶鑑	書簡類	新 活字本	徐雨錫 編	서울: 鮮光印刷	1935	원광대			
26	(文藝美文書簡集) 나의 花環	書簡類	新 活字本	노자영	京城: 미모사 書店	1939	국도		○	

번호	자료명	유형	자료형태	편저역자	간행정보	연도	소장처	해제	원문보기	비고
27	獨習 日鮮尺牘	書簡類	新活字本	鄭雲復 著	東敏: 일한서방	1915	대구 가톨릭대			
28	(現代) 模範書翰文	書簡類			京城: 漢城圖書	1940	국도			
29	模範尺牘大家	書簡類	新鉛活字本	李源生 編	서울: 以文堂	1917	단국대			
30	模範尺牘大方	書簡類	新鉛活字本	韓興敎 著	서울: 京城書籍 共同 出版社	1925	국도			
31	(大增補) 無雙金玉尺牘	書簡類	新鉛活字本	李宗壽 (朝鮮) 著	서울: 盛文堂 書店	1936	숙명여대			
32	文字註解高等尺牘	書簡類	新活字本	郭璨 著	서울: 寶文館	1921	원광대			
33	文學靑年書簡集	書簡類	新鉛活字本	李城路 編	京城: 北星堂	1935	국도		○	
34	(無雙註解) 普通新式尺牘	書簡類	新鉛活字本	李鍾國 著; 金東縉 編	서울: 李種國	1930	국도		○	
35	(無雙註解) 普通新式尺牘	書簡類	新鉛活字本	金東縉 著	서울: 德興書林	1934	한양대			
36	普通學校朝鮮語及漢文讀本	교과서		朝鮮 總督府 [編]	庶務部 印刷局	1915	국도			
37	普通學校朝鮮語及漢文讀本(卷3)	교과서		朝鮮 總督府 [編]	朝鮮 總督府	1917	국도			
38	普通學校朝鮮語及漢文讀本(卷4)	교과서		朝鮮 總督府 [編]	朝鮮 總督府	1918	국도			
39	普通學校朝鮮語及漢文讀本(卷5)	교과서		朝鮮 總督府 [編]	朝鮮 總督府	1918	국도			「서간문 작법」
40	普通學校朝鮮語讀本(卷1)	교과서		朝鮮 總督府 著	서울: 朝鮮書籍	1924	경상대			「어머니 엽서 왓습니 다」

번호	자료명	유형	자료형태	편저역자	간행정보	연도	소장처	해제	원문보기	비고
41	(戀愛書簡集) 사랑의 편지	書簡類		方仁根 著	大韓 出版社	1962	국도			
42	(現代) 商業書簡文	書簡類		漢城圖書	京城: 漢城圖書	1943	국도			
43	書簡文	書簡類	筆寫本			1934	규장각	○	○	
44	時體諺文簡牘	書簡類		姜義永 著	서울: 永昌書館	1922	국도			
45	新式金玉尺牘	書簡類	新活字本	池松旭 著	서울	1924	대구 가톨릭대			
46	(註解附音) 新式大成簡牘	書簡類	鉛活字本	姜殷馨 著	서울: 大成書林	1936	국도		○	
47	新式諺文無雙尺牘	書簡類	新鉛活字本	高裕相 編	서울: 淮東書館	1925	고려대			
48	新式諺文無雙尺牘	書簡類	新活字本	高裕相 編	서울: 匯東書館	1925	한양대			
49	新式流行諺文尺牘	書簡類	新活字本	姜義永 著	京城: 永昌書館	1926	국도			
50	新式尺牘	書簡類	新活字本	盧益亨	博文書館	1925	경상대			
51	新式青年尺讀	書簡類	新鉛活字本	李哲應 著	서울: 和光書林		단국대			
52	(附音註釋) 新式青年尺牘	書簡類	新鉛活字本		서울: 和光書林	1933	한양대			
53	(附音註解) 新式青年尺牘	書簡類	新鉛活字本		서울: 和光書林	1933	인하대			
54	新式學生註解尺牘	書簡類	新活字本	中央 出版社 編輯部 編	서울: 中央 出版社	1652	국도			
55	신찬국문 가뎡간독	書簡類	影印本	李鼎煥 [著]	京城: 匯東書館	1912	국도		○	
56	新纂尺牘	書簡類	新式活字本	李鼎煥 [著]	서울: 玄公廉	1909	영남대			
57	新撰尺牘完編	書簡類	新鉛活字本	朴晶東 著; 金雨均 校正	서울: 同文社	1908(隆 熙 2)	국민대			

번호	자료명	유형	자료형태	편저역자	간행정보	연도	소장처	해제	원문보기	비고
58	新撰尺牘完編	書簡類	新鉛活字本	朴晶東 著; 金雨均 校正	서울: 同文社	1908(隆熙 2)	한양대			
59	新撰尺牘完編	書簡類	新鉛活字本	朴晶東 著; 金雨均 校正	서울: 同文社	1910(隆熙 4)	중앙대			
60	新撰尺牘完編	書簡類	鉛活字本	金雨均 [編]	서울: 中央書館	1912(大正 元年)	계명대			
61	新撰尺牘完編	書簡類	鉛活字本	金雨均 [編]	서울: 中央書館	1912(大正 元年)	단국대			
62	新撰尺牘完編	書簡類	鉛活字本	金雨均 [編]	서울: 中央書館	1912(大正 元年)	경기대			
63	新纂國文家庭簡牘	書簡類			京城	1922	경상대			
64	新體美文學生書翰	書簡類	再版	黃義敦; 申瑩澈 共著	京城: 鴻文園	1926	국도			
65	實用獨習最新日鮮尺牘	書簡類	新活字本	朴埈杓 著	京城: 永昌書館	1923	국도			
66	實用書簡文範	書簡類		盧庵 著	서울: 哲也堂	1954	국도			
67	實用英鮮尺牘	書簡類	新活字本	蔡聖錫 著	서울: 活文社書店	1923	국도			
68	諺簡	書簡類	筆寫本				단국대			
69	諺簡牘	書簡類	木版本			19세기	규장각	○		
70	諺簡牘	書簡類	木版本			19세기	규장각	○		
71	諺簡牘	書簡類	木版本		由洞	1848(憲宗 14)	단국대			
72	諺簡牘	書簡類	筆寫本			1897(光武 元年)	충남대			
73	諺簡牘	書簡類	筆寫本			1900(光武 4)	충남대			

번호	자료명	유형	자료 형태	편저 역자	간행 정보	연도	소장처	해제	원문 보기	비고
74	諺簡牘	書簡類	木版本	朴敬輔 編	全州: 完興社 書舗	1912	국도		○	
75	諺簡牘(上下)	書簡類	木版本	卓鐘佶 著	全州: 西溪書舖	1915	고하문학 관			
76	諺簡牘	書簡類	筆寫本			1924	국도		○	
77	諺簡牘(全)	書簡類	筆寫本			1938	장서각		○	
78	諺簡牘	書簡類	筆寫本			庚子(?)	전남대			
79	諺簡牘	書簡類	木版本		完山	癸卯	단국대			
80	諺簡牘	書簡類	木版本				경기대			
81	諺簡牘	書簡類	電子 複寫本				경상대			
82	諺簡牘	書簡類	筆寫本				계명대			
83	諺簡牘	書簡類	木版本				고려대			
84	諺簡牘	書簡類	筆寫本				단국대			
85	諺簡牘(冊1)	書簡類	木版本				연세대			
86	諺簡牘(冊1)	書簡類	木版本				영남대			
87	諺簡牘	書簡類	筆寫本		鶴洞精舍		전남대			
88	諺簡牘	書簡類	筆寫本				전주대			
89	諺簡牘	書簡類	筆寫本				충남대			
90	諺簡牘	書簡類	木版本		由洞		日本小倉 文庫(東 京大學)			
91	諺簡牘	書簡類	木版本				국도		○	
92	諺簡牘(上下)	書簡類	木版本				국도		○	
93	諺簡牘	書簡類	木版本				국민대			
94	諺簡牘	書簡類	木版本				연세대			
95	諺簡牘	書簡類	木版本		完山		충남대			
96	諺簡牘	書簡類	木版本				Institut National des Langues et Civilisations Orientales		○	

번호	자료명	유형	자료형태	편저역자	간행정보	연도	소장처	해제	원문보기	비고
97	諺簡牘	書簡類	筆寫本				Harvard-Yenching Library			
98	언간서식	書簡類	筆寫本				단국대			
99	언간요초	書簡類	筆寫本			1924	국도			
100	諺文簡牘	書簡類	筆寫本				국도		○	
101	諺文簡牘	書簡類	筆寫本			庚辰	단국대			
102	諺文簡牘	書簡類	筆寫本				단국대			
104	諺文簡牘書式	書簡類	筆寫本			壬申	단국대			
103	諺文簡牘	書簡類	筆寫本				연세대			
105	諺文簡牘	書簡類	筆寫本				원광대			
106	言文對照學生新尺牘(上下)	書簡類	石板影印本		中國:世界書局		부산대			
107	諺文片紙	書簡類	筆寫本				장서각		○	
108	諺文片紙	書簡類	筆寫本			癸亥(?)	충남대			
109	언문 편지규칙	書簡類	筆寫本				원광대			
110	언문편지법	書簡類			회동서관	1918				
111	언문편지첩	書簡類	筆寫本				국도		○	
112	(시례)언문편지투	書簡類		李柱浣 著	京城:永豊書館		경상대			
113	諺書帖	書簡類	筆寫本				국학진흥원			
114	諺書帖	書簡類	筆寫本				장서각		○	
115	諺札套	書簡類	木版本				경북대			
116	流行祝式四禮精選	書簡類	鉛活字本	姜義永 著	서울:永昌書館	1926	국도		○	
117	은간독	書簡類	筆寫本			1925	충남대			
118	은간독	書簡類	筆寫本				단국대			
119	(진보)은간독	書簡類	筆寫本		한국		동국대			

번호	자료명	유형	자료형태	편저역자	간행정보	연도	소장처	해제	원문보기	비고
120	日鮮文高等流行尺牘	書簡類	新鉛活字本	高裕相 編; 林圭 校閱	서울: 匯東書館	1928	국민대			
121	(改正增補)日鮮備門尺牘	書簡類	新鉛活字本	李鍾楨 著 光東書局 編輯部 編	京城: 光東書局	1913	연세대			
122	日鮮書簡文範	書簡類		徐載壽 著	京城: 三中堂書店	1939	국도		○	
123	日鮮尺牘大全	書簡類	新鉛活字本	玄公廉, 韓永源 共著	서울: 普及書館	1917	성균관 존경각			
124	日鮮尺牘大全	書簡類	新鉛活字本	玄公廉, 韓永源 共著	서울: 普及書館	1917	한양대			
125	日鮮尺牘大全	書簡類	新活字本	玄公廉, 韓永源 共著	서울: 大昌書院	1923	경희대			
126	日鮮尺牘大全	書簡類	新活字本	玄公廉, 韓永源 共著	서울: 大昌書院	1923	단국대			
127	日鮮尺牘大全	書簡類	新活字本	玄公廉, 韓永源 共著	서울: 大昌書院	1923	한양대			
128	젼지간독	書簡類	筆寫本				연세대			
129	精選尺牘	書簡類	新鉛活字本	白潤珏	서울: 雲林書院	1913	국민대			
130	精選尺牘	書簡類	新鉛活字本	白潤珏	서울: 雲林書院	1913	단국대			
131	朝鮮文人書簡集	書簡類	新活字本	徐相庚 編	京城: 三文社	1937	국도		○	
132	註解附音尺牘大鑑	書簡類	新鉛活字本	金東縉 著	서울: 德興書林	1921	단국대			
133	註解附音尺牘大鑑	書簡類	新鉛活字本	金東縉 著	서울: 德興書林	1924	한양대			
134	註解附音尺牘大鑑	書簡類	新鉛活字本	金東縉 著	서울: 德興書林	1929	국민대			

번호	자료명	유형	자료형태	편저역자	간행정보	연도	소장처	해제	원문보기	비고
135	註解附音尺牘大鑑	書簡類	新鉛活字本	金東縉 著	서울:德興書林	1930	전남대			
136	註解附音尺牘大鑑	書簡類	新鉛活字本	金東縉 著	서울:德興書林	1939	전남대			
137	增補諺簡牘	書簡類	木版本		서울	1886(高宗 23)	성균관존경각			
138	增補諺簡牘	書簡類	木版本			19세기	규장각	○		
139	增補諺簡牘	書簡類	木版本		完西	1902(光武 6)	단국대			
140	增補諺簡牘	書簡類	木版本			1907(隆熙元年)	규장각	○		
141	增補諺簡牘(上下)	書簡類	木版本	梁承坤 編	全州:梁冊房	1932	고하문학관			
142	增補諺簡牘	書簡類	木板本(坊刻)				국도			
143	增補諺簡牘	書簡類	木板本				국도		○	
144	增補諺簡牘	書簡類	木板本				계명대			
145	增補諺簡牘	書簡類	木板本		全州		연세대			
146	增補諺簡牘	書簡類	筆寫本				경기대			
147	增補諺簡牘	書簡類	木版本				경희대			
148	增補諺簡牘	書簡類	木版本				단국대			
149	增補尺牘	書簡類	新鉛活字本	南宮濬 編	서울:惟一書館	1910	국도			
150	新式普通尺牘	書簡類	新鉛印本	姜義永 編	서울:永昌書館	1927	장서각		○	
151	增補字典尺牘完編	書簡類	新鉛活字本	金雨均 編著	서울:同文書林	1912	한양대			
152	增補字典尺牘完編	書簡類	新活字本	金雨均 編著	서울:同文書林	1916	원광대			
153	增補字典尺牘完編	書簡類	新活字本	金雨均 編著	서울:同文書林	1916	장서각		○	
154	增補字典尺牘完編	書簡類	新式活字本	金雨均 編著	서울:同文書林	1920	경희대			

번호	자료명	유형	자료형태	편저역자	간행정보	연도	소장처	해제	원문보기	비고
155	增補尺牘完編	書簡類	新活字本	金雨均 編纂	서울:中央書館	1912(明治 45)				
156	징보언간독	書簡類	木版本		서울	1886(高宗 23)	국도		○	
157	징보언간독	書簡類	木版本		서울	1886(高宗 23)	장서각	○	○	
158	징보언간독	書簡類	木版本		서울	1886(高宗 23)	국민대			
159	징보언간독	書簡類	木版本		서울	1886(高宗 23)	단국대			
160	징보언간독	書簡類	木版本		서울	1886(高宗 23)	충남대			
161	징보언간독	書簡類	木版本		서울	1886(高宗 23)	연세대			
162	징보언간독	書簡類	木版本		서울	1886(高宗 23)	Bryn Mawr College Library			
163	징보언간독	書簡類	木版本				경기대			
164	징보언간독	書簡類	木版本				계명대			
165	징보언간독	書簡類	木版本				경희대			
166	進明類彙	書簡類	新鉛活字本	李始容 編	禮山:忠南書館	1918	경희대			
167	(新編)尺牘大方	書簡類	新鉛活字本	池松旭 編	서울:新舊書林	1919	단국대			
168	(新編)尺牘大方	書簡類	鉛印版	申泰三 刊編	서울:世昌書館	1962	국도			
169	尺牘大成(上下)	書簡類	新鉛活字本	玄采 編著	서울:大昌書館	1919	단국대			
170	尺牘大成(上下)	書簡類	新鉛活字本	玄采 編著	서울:大昌書館	1919	충남대			
171	(現代美術)青年學生尺牘	書簡類	新鉛活字本	德興書林編輯部 編	서울:德興書林	1946	부산 시민			
172	青春의 꽃동산	書簡類	新鉛活字本	姜範馨 著	京城:三光書林	1926	국도			

번호	자료명	유형	자료형태	편저역자	간행정보	연도	소장처	해제	원문보기	비고
173	初等小學(卷7~8)	교과서	新鉛活字本	國民敎育會 撰	서울:國民敎育會	1907(光武 11)	고려대			「우편과전신」
174	初習簡規	書簡類	筆寫本				연세대			
175	最新無雙日用大簡牘	書簡類	新鉛活字本	姜義 著;申佶求 編	서울:永昌書館	1934	충남대			
176	最新文學書簡集	書簡類	新鉛活字本	류춘정	京城:京城閣書店	1935	국도		○	
177	最新尺牘大觀	書簡類	新鉛活字本	匯東書館編輯部編纂	서울:匯東書館	1923	단국대			
178	春園書簡文範	書簡類	3版	李光洙 著	경성:三中堂書店	1940	국도			
179	春海書簡文集	書簡類	新鉛活字本	方仁根 著	京城:南昌書舘出版部	1942	국도		○	
180	한글습자가정편지틀	書簡類	石版本	박영희 지음;이철경 씀	서울:正文館		국도		○	
181	한글언간독	書簡類	筆寫本				국도			
182	海東名家尺牘	書簡類	新鉛活字本	具書義(韓國)編輯	서울:光東書局	1914(大正 3)	동국대			
183	紅薔薇필때	書簡類		盧春城 著	서울:三中堂	1952	국도		○	
184	紅薔薇필때	書簡類		盧春城 著	서울:三中堂	1953	국도		○	
185	회셔홀림언문편지톄법	書簡類	石版本				고려대			
186	懷中完全尺牘	書簡類	新鉛活字本				춘호재			袖珍本
187	희자초서언간필법	書簡類	石版本	李柱浣編書	京城:朝鮮圖書株式會社	1926	국도		○	

134

참고문헌

김경남, 「1920~30년대」 편지글의 형식과 문체 변화, 『겨레어문학』 41, 겨레어문학회, 2008.

김성수, 「제도로서의 '매체': 근대 서간(書簡)의 매체별 존재양상과 기능」(특집논문), 『현대문학의 연구』 42, 한국문학연구학회, 2010.

김인회, 「근대 한글 간찰서식집 연구」, 『古文書研究』 51, 한국고문서학회, 2017.

김효경, 「朝鮮時代 簡札 書式 研究」, 한국학중앙연구원 박사논문, 2005.

김효경, 「조선후기 간행된 간찰서식집에 대한 연구」, 『書誌學研究』 33, 한국서지학회, 2006.

이남희, 「조선후기 간찰서식집과 데이터베이스 구축 방안」, 『인문학연구』 27, 제주대학교 인문과학연구소, 2019.

이인숙, 「조선시대 편지의 문화사적 의의」, 『민족문화논총』 30, 영남대학교 민족문화연구소, 2004.

최지녀, 「〈언간독(諺簡牘)〉과 한글 편지를 통해 본 근대의 풍경」, 『한국고전여성문학연구』 39, 한국고전여성문학회, 2019.

허재영, 「한글 간찰[언간(諺簡)]에 대한 기초 연구: 연구의 흐름과 간찰 양식의 변화를 중심으로」, 『사회언어학』 13(2), 한국사회언어학회, 2005.

한국 도서관 소장 중국 역대 소설 자료

량야오중

　이 자료는 단국대학교 일본연구소 HK+ 사업단의 '지식 권력의 변천과 동아시아 인문학' 연구 과제를 수행하기 위한 기초 작업으로, 한국 도서관에 소장된 중국 역대 소설 자료를 목록화하고자 한 의도에서 작성된 것이다.

　조남현, 『소설원론』(1983, 고려원)에 따르면 '소설(小說)'이라는 용어는 『장자』 '외물편(外物篇)'에서 제자백가를 분류하면서 '소설가'를 설정한 데서 기원한 것으로 알려져 있다. 소설가는 "작은 말을 꾸며 고명이나 명예를 구하는 것으로 큰 도와는 거리가 멀다(飾小说以干县令, 其于大达亦远矣)."라고 한 것이 그것이다. 비록 소설에 대한 부정적인 태도가 드러난다 할지라도, 소설은 문학 지식을 표현하는 가장 대표적인 양식의 하나이며, 중국에는 도청도설(道聽途說)·가담항설(街談巷說)을 수집하는 이른바 '패관(稗官)'이나 '패리(稗吏)'가 존재하기도 하였다는 사실은 『한서(漢書)』 '예문지(藝文志)'의 기록에서도 확인할 수 있다.

별도의 '패관'이 존재했는지는 확인할 수 없으나, 한국 문학사에서도 이른바 '패관문학'이 존재했음은 누구나 알고 있는 사실이다. 고려 중엽에 등장한 『파한집』, 『보한집』 등은 패관문학의 전형적인 것으로 알려져 있으며, 이를 기반으로 조선 초기 김시습의 『금오신화』가 등장했다는 것도 서사문학사에서 중요한 사실로 다루어지고 있다.

한국 도서관에 소장된 중국 역대 소설 자료는 본 사업단이 추구하는 15세기부터 20세기 중반(일제 강점기)까지의 한중일 문학 지식의 유통 현상을 연구하는 데 기본이 될 자료들이다. 자료 배열은 선진 양한 위진 남북조 시대(先秦 兩漢 魏晉南北朝時代)부터 수당 오대(隋唐五代), 송원(宋元), 명(明), 청(淸) 등의 왕조 중심 시대사를 기준으로 하였다. 자료 배열은 '자료명, 유형, 형태, 편저역자, 간행정보, 연도, 소장처' 등을 중심으로 하였으며, 기본적인 정보 제공은 2019년 4월 간행된 『DB구축의 이론과 실제』(경진출판)의 '일러두기'를 따랐다.

번호	자료명	유형	자료형태	편저역자	간행정보	연도	소장처	해제	원문보기	비고
先秦两汉魏晉南北朝										
1	甄異記	도서	縮刷影印本	戴祖(撰/南北朝)	北京中華書局	1985	경상대			
2	古今刀劍錄	도서	石印本	陶弘景(撰/梁)	臺北藝文印書館	1965	충남대			
3	郭氏玄中記	도서	木板影印本	郭璞(撰/晉)	臺北藝文印書館	1972	충남대			

번호	자료명	유형	자료형태	편저역자	간행정보	연도	소장처	해제	원문보기	비고
4	郭子	도서		郭澄之(撰/晉) 김장환(옮김)	지식을 만드는 지식	2008	국도			
5	禽經	도서	木版本	張華(撰/晉) 陶珽(重輯/明)	姚安宛 委山堂	1647 (順治4)	서울대 중앙			
6	汲塚瑣語	도서	木板 影印本		臺北 藝文印 書館	1965	충남대			
7	金樓子	도서		蕭繹 (孝元皇帝) (撰/梁)	湖北 崇文 書局	1875 (光緒 元年)			○	
8	列女傳	도서	石印本	劉向(撰/漢) 梁端(校注/淸)	上海 會文堂	1910 (宣統2)	동국대			
9	列女傳補注	도서		劉向(撰/漢) 王昭圓(補注)	東路廳 同知郝 聯薇		국도		○	
10	列仙傳	도서		劉向 (撰/漢)	愛知片 野東四 郎		국도		○	
11	穆天子傳	도서	日本 木版本	郭璞(註/晉) 汪明際(訂/明)		1747 (延享4)	국도			
12	博物志	도서	中國 木版本	張華 (撰/晉)		1893 (光緒19)	국도		○	
13	博物志	도서	中國 木版本	張華 (撰/晉)	湖北 崇文 書局	1875	嶺南大			
14	山海經	도서	木版本	郭璞(撰/晉) 畢沅(校正/淸)	制江 書局	1877 (光緒3)	성균관			後刷
15	山海經	도서	中國 木版本	郭璞 (注/晉)	制江 書局	1877 (光緒3)	국도		○	
16	山海經廣注	도서		郭璞(撰/晉) 吳任臣(注/淸)			국도		○	
17	山海經圖說	도서	石印本	郭璞(撰/晉) 畢沅(校正/淸)	圖書 集成局	1897 (光緒23)	성균관			
18	山海經釋義	도서	木版本	郭璞(著傳/晉) 王崇慶 (釋義/明) 董漢儒 (校訂/明)		1689 (康熙28)	한중연			

번호	자료명	유형	자료형태	편저역자	간행정보	연도	소장처	해제	원문보기	비고
19	山海經箋疏	도서	木版本	郭璞(撰/晉) 郝懿行(箋疏/淸)	上海還讀樓	1886 (光緒12)	성균관			
20	西京雜記	도서	中國木版本	葛洪(編/晉) 毛晉(訂/明)			국도		○	
21	西京雜記	도서	木版本	劉歆(撰/漢)	抱經堂	1882 (光緒8)	규장각			重刊
22	宣驗記	도서		劉義慶(撰/南朝宋) 김장환(옮김)	지식을 만드는 지식	2013	국도		○	
23	說苑	도서	筆寫本	劉向(撰/漢)		1535 (中宗30)	Harvard -Yenching Library		○	
24	說苑	도서	中國木版本	劉向(撰/漢)		1893 (光緒19)	국도		○	
25	世說	도서	筆寫本				국도			
26	世說新語	도서	中國木版本	劉義慶(撰/南朝宋) 劉孝標(注/南朝梁)		1585 (萬曆13)	국도		○	後刷
27	世說新語	도서	木版本	劉義慶(撰/南朝宋) 劉孝標(注/南朝梁)	湖北崇文書局	1877 (光緒3)	성균관			
28	世說新語補	도서	金屬活字本	劉義慶(撰/南朝宋) 劉孝標(注/南朝梁) 劉辰翁(批/南宋) 何良俊(增/明) 王世貞(刪定/明) 王世懋(批釋/明) 鍾惺(批點/明) 張文柱(校注/明)		1708 (肅宗34)	국도		○	顯宗實錄字

번호	자료명	유형	자료형태	편저역자	간행정보	연도	소장처	해제	원문보기	비고
29	世說新語補	도서	木版本	劉義慶(撰/南朝宋) 劉孝標(注/南朝梁) 何良俊(增補/明)		1586(萬曆14)	성균관			後刷
30	世說新語姓彙韻分	도서	古活字本				국도		○	顯宗實錄字體木
31	世說新語彙抄	도서	筆寫本				국도		○	
32	世說箋本	도서	日本木版本	秦鼎(編/日)			국도		○	
33	世說抄	도서	筆寫本	劉義慶(撰/南朝宋)			단국대			
34	笑林	도서		邯鄲淳(撰/三國魏) 김장환(옮김)	지식을 만드는 지식	2008	국도			
35	小說	도서		殷芸(撰/南朝梁) 김장환(옮김)	지식을 만드는 지식	2009	국도		○	
36	俗說	도서		沈約(撰/南朝梁) 김장환(옮김)	지식을 만드는 지식	2008	국도			
37	續齊諧記	도서	木板影印本	吳均(撰/南朝梁)	臺北藝文印書館	1965	충남대			
38	搜神後記	도서	中國木版本	陶潛(撰/南朝宋)		1894(光緖20)	국도		○	
39	述異記	도서		祖沖之(撰/南朝齊) 김장환(옮김)	지식을 만드는 지식	2014	국도		○	
40	述異記	도서	中國木版本	任昉(撰/南朝梁)		1893(光緖19)	국도		○	
41	拾遺記	도서	中國木版本	王嘉(撰/晉)		1894	국도		○	
42	新刻古列女傳	도서	木版本	劉向(撰/漢) 胡文煥(校/明)	水玉堂	1654(承應3)	한중연			
43	新刻出像增補搜神記	도서	木版本	幹寶(撰/晉) 唐福春(校/清)		清	규장각			

번호	자료명	유형	자료 형태	편저 역자	간행 정보	연도	소장처	해제	원문 보기	비고
44	新序	도서	日本 筆寫本	劉向(撰/漢) 程榮(明/校)		1814 (文化11)	국도		○	
45	新序	도서	中國 木版本	劉向(撰/漢)		1893 (光緒19)	국도		○	
46	神仙傳	도서	中國 木版本	葛洪(撰/晉) 龔學聲(校/清)			국도		○	
47	神異經	도서	日本 木版本	東方朔 (撰/漢)		1688 (貞享5)	국도		○	
48	晏子春秋	도서	中國 木版本	晏嬰 (撰/春秋齊)	浙江 書局?	1875 (光緒 元年)	국도		○	
49	語林	도서		裴啟(撰/晉) 김장환(옮김)	지식을 만드는 지식	2008	국도		○	
50	燕丹子	도서	中國 石版本	太子丹 (撰/戰國燕) 孫星衍 (校集/淸)	上海 掃葉 山房	1919 (民國8)	건국대			
51	吳越春秋	도서	中國 木版本	趙曄 (撰/東漢) 遊桂(校/宋)		淸	국도		○	
52	冤魂志	도서		顏之推 (撰/北齊) 김장환(옮김)	지식을 만드는 지식	2018	국도			
53	越絶書	도서	木版本	袁康 (撰/漢)		1552 (嘉靖31)	계명대			
54	幽明錄	도서		劉義慶 (撰/南朝宋) 張貞海(譯註)	살림	2000	국도			
55	異苑	도서	木板 影印本	劉敬叔 (撰/南朝宋)	臺北 藝文印 書館	1965	충남대			
56	典故列女傳	도서			上海 掃葉 山房	1883 (光緒9)	규장각			重 刻刊本
57	典故列女傳	도서			上海 千頃堂 書局	淸末	성균관			

번호	자료명	유형	자료형태	편저역자	간행정보	연도	소장처	해제	원문보기	비고
58	齊諧記	도서	木板影印本	東陽無疑(撰/南朝宋)	臺北藝文印書館	1972	충남대			
59	趙飛燕外傳	도서	石印本	伶玄(撰/漢)	臺北藝文印書館	1965	충남대			
60	周氏冥通記	도서	縮刷影印本	陶弘景(撰/南朝梁)	北京中華書局	1985	경상대			
61	重增三教源流帝佛師搜神大全	도서	木版本	幹寶(撰/晉)鼓出如林(重增/清)		清末	성균관			後刷
62	增補世說	도서	筆寫本				이화대			
63	增訂世說新語	도서	木版本	劉義慶(撰/南朝宋)劉峻(注/南朝梁)凌濛初(訂/明)		清	규장각			
64	蜀王本紀	도서	木板影印本	揚雄(撰/漢)	臺北藝文印書館	1965	충남대			
65	漢武帝別國洞冥記	도서	新活字本	郭憲(撰/漢)	北京中華書局	1985	경상대			
66	漢武帝內傳	도서	木板影印本	班固(撰/漢)	臺北藝文印書館	1968	충남대			
67	繪圖廣注山海經	도서	木版本	郭璞(撰/晉)吳志伊(注)	上海掃葉山房	1884(光緒10)	성균관			
隋唐五代										
1	鑒誡錄	도서	木板影印本	何光遠(撰/五代後蜀)	臺北藝文印書館	1965	충남대			
2	甘澤謠	도서	木版本	袁郊(撰/唐)陶珽(重輯/明)	姚安宛委山堂	1647(順治4)	서울대중앙			
3	開元升平源	도서		吳兢(撰/唐)	한국중국소설학회	2009			○	

번호	자료명	유형	자료형태	편저역자	간행정보	연도	소장처	해제	원문보기	비고
4	開元天寶遺事	도서	中國木活字本	王仁裕(撰/五代後唐)	西泠印社		서울대중앙			
5	開天傳信記	도서	石印本	鄭綮(撰/唐)	臺北藝文印書館	1965	충남대			
6	稽神錄	도서		徐鉉(撰/五代南唐)	上海商務印書館	1939(民國28)	국도			叢書集成初編2705
7	高力士外傳	도서	石印本	郭湜(撰/唐)	臺北藝文印書館	1965	충남대			
8	廣異記	도서	木板影印本	戴孚(撰/唐)	臺北藝文印書館	1965	충남대			
9	教坊記	도서	木板影印本	崔令欽(撰/唐)	臺北藝文印書館	1965	충남대			
10	虬髯客傳	도서	石印本	杜光庭(撰/唐)	臺北藝文印書館	1965	충남대			
11	劇談錄	도서	木板影印本	康駢(撰/唐)	臺北藝文印書館	1965	충남대			
12	金華子雜編	도서		劉崇遠(撰/五代南唐)李調元(淸/校定)			국도		○	
13	茶經	도서	木版本	陸羽(撰/唐)陶珽(重輯/明)	姚安苑委山堂	1647(順治4)	서울대중앙			
14	譚賓錄	도서	影印本	胡璩(撰/唐)續修四庫全書編纂委員會(編)	上海古籍出版社	2000	국도			續修四庫全書1260子部小說家類
15	唐國史補	도서	日本木版本	李肇(撰/唐)		1782(天明2)	국도			
16	唐摭言	도서	日本木版本	王定保(編/五代南漢)			국도		○	

144

번호	자료명	유형	자료형태	편저역자	간행정보	연도	소장처	해제	원문보기	비고
17	大唐新語	도서		劉肅 (撰/唐)	上海 商務印 書館	1937 (民國26)	국도			叢書 集成 初編 2741- 2742
18	大唐傳載	도서	木板 影印本		臺北 藝文印 書館	1965	충남대			
19	獨異志	도서	木板本	李亢(撰/唐) 商濬(校/明)		1368~ 1644(明)	규장각			
20	杜陽雜編	도서	木版本	蘇鶚(撰/唐) 陶珽(重輯/明)	姚安宛 委山堂	1647 (順治4)	서울대중 앙			
21	燈下閑談	도서	木板 影印本		臺北 藝文印 書館	1970	충남대			
22	明皇雜錄	도서	木板 影印本	鄭處誨 (撰/唐)	臺北 藝文印 書館	1968	충남대			
23	博異志	도서	石印本	穀神子 (撰/唐)	臺北 藝文印 書館	1965	충남대			
24	本事詩	도서	中國 木版本	孟棨 (撰/唐) 徐幹 (校刊/淸)	杭州 浙江 圖書館	1917 (民國6)	서울대 중앙			
25	北裏志	도서		孫棨(撰/唐) 최진아(옮김)	소명 출판	2013	강서 도서관			
26	北夢瑣言	도서	中國 木版本	孫光憲 (撰/唐)	雅雨堂	1756 (乾隆21)	서울대 중앙			
27	三水小牘	도서	木板 影印本	皇甫枚 (撰/唐)	臺北 藝文印 書館	1965	충남대			
28	尚書故實	도서	木版本	李綽(撰/唐) 陶珽(重輯/明)	姚安宛 委山堂	1647 (順治4)	서울대 중앙			
29	宣室志	도서		張讀 (撰/唐)	上海 商務印 書館	1939 (民國28)	국도			叢書 集成 初編 2703

번호	자료명	유형	자료 형태	편저 역자	간행 정보	연도	소장처	해제	원문 보기	비고
30	瀟湘錄	도서	木板 影印本	柳祥 (撰/唐)	臺北 藝文印 書館	1965	충남대			
31	續玄怪錄	도서	木板 影印本		臺北 藝文印 書館	1965	충남대			
32	續玄怪錄	도서	木板 影印本	李複言 (撰/唐)	臺北 藝文印 書館	1965	충남대			
33	松窗雜錄	도서	木板 影印本	李濬 (撰/唐)	臺北 藝文印 書館	1965	충남대			
34	隋唐嘉話	도서	石印本	劉餗 (撰/唐)	臺北 藝文印 書館	1965	충남대			
35	安祿山事跡	도서	石板本	姚汝能 (撰/唐)	上海掃 葉山房	1931 (民國20)	규장각			
36	煬帝開河記	도서	新 活字本		北京 中華 書局	1985	경상대			
37	煬帝迷樓記	도서	新 活字本		北京 中華 書局	1985	경상대			
38	禦覽唐闕史	도서	木板 影印本	高彦休 (撰/唐)	臺北 藝文印 書館	1965	충남대			
39	玉溪編事	도서	木板 影印本	金利用 (撰/五代後蜀)	臺北 藝文印 書館	1965	충남대			
40	玉泉子	도서	木版本			1368~ 1644 (明)	규장각			
41	雲溪友議	도서	新 活字本	範攄 (撰/唐)	北京 中華 書局	1985	경상대			
42	原化記	도서		皇甫氏(撰/唐) 김장환(옮김)	지식을 만드는 지식	2019	국도			

번호	자료명	유형	자료형태	편저역자	간행정보	연도	소장처	해제	원문보기	비고
43	幽怪錄		木板影印本	牛僧孺(撰/唐)	臺北藝文印書館	1965	충남대			
44	遊仙窟鈔	도서	日本木版本	張文成(著/唐)		1688~1703(元祿)	국도		○	
45	酉陽雜俎	도서	中國木版本	段成式(撰/唐)毛晉(訂/明)			국도		○	
46	幽閑鼓吹	도서	縮刷影印本	張固(撰/唐)	北京中華書局	1985	경상대			
47	因話錄	도서	木版本	趙璘(撰/唐)陶珽(重輯/明)	姚安宛委山堂	1647(順治4)	서울대중앙			
48	咨暇集	도서	石印本	李匡文(撰/唐)	臺北藝文印書館	1965	충남대			
49	長恨歌傳	도서	木板影印本	陳鴻(撰/唐)	臺北藝文印書館	1965	충남대			
50	釣磯立談	도서	新活字本	史虛白(撰/五代後唐)	北京中華書局	1985	경상대			
51	朝野僉載	도서	木版本	張鷟(撰/唐)陶珽(重輯/明)	姚安宛委山堂	1647(順治4)	서울대중앙			
52	中朝故事	도서	中國木版本	尉遲偓(撰/五代南唐)徐乃昌(清/編)	南陵徐氏家	1903~1908	서울대중앙			
53	集異記	도서	石印本	薛用弱(撰/唐)	臺北藝文印書館	1965	충남대			
54	集異記	도서	石印本	薛用弱(撰/唐)	臺北藝文印書館	1965	충남대			
55	次柳氏舊聞	도서		李德裕(撰/唐)	北京中華書局	2012	국도			
56	卓異記	도서	木版本	李翱(撰/唐)陶珽(重輯/明)	姚安宛委山堂	1647(順治4)	서울대중앙			

번호	자료명	유형	자료형태	편저역자	간행정보	연도	소장처	해제	원문보기	비고
57	馮燕傳	도서	木板影印本	沈亞之(撰/唐)	臺北藝文印書館	1965	충남대			
58	海山記	도서	木板影印本		臺北藝文印書館	1965	충남대			
59	啟顏錄	도서		侯白(撰/隋)김장환(옮김)	지식을만드는지식	2009	국도		○	
60	大唐西域記	도서	日本木版本	釋玄奘(奉詔譯/唐)	京都永田長左衛門	1653(承應2)	국도		○	
61	大慈恩寺三藏法師傳	도서	日本影印本	釋慧立(著/唐)釋彦悰(述/宋)	十目東方文化學院京都研究所	1932(昭和7)	국도			
62	冥報記	도서	日本寫眞版	唐臨(編/唐)	東京育德財團	1937(昭和12)	국도	○		
63	寶顏堂訂正桂苑叢談	도서	木版本	馮翊子(撰/唐)陳繼儒沈孚先(共校/明)	尙白齋	1606(萬曆34)	서울대중앙			
64	封氏聞見記	도서	木板影印本	封演(撰/唐)	臺北藝文印書館	1966	충남대			
65	三夢記	도서	木板影印本	白行簡(撰/唐)	臺北藝文印書館	1965	충남대			
66	續博物志	도서	中國木版本	李石(撰/唐)		1912	국도		○	
67	前定錄	도서	木版本	鍾輅(撰/唐)陶珽(重輯/明)	姚安宛委山堂	1647(順治4)	서울대중앙			
宋元										
1	賈氏談錄	도서	木板影印本	張洎(撰/宋)	臺北藝文印書館	1968	충남대			
2	角力記	도서	木板影印本	調露子(撰/宋)	臺北藝文印書館	1967	충남대			

번호	자료명	유형	자료형태	편저역자	간행정보	연도	소장처	해제	원문보기	비고
3	卻掃編	도서	木板影印本	徐度(撰/宋)	臺北藝文印書館	1965	충남대			
4	艮嶽記	도서	木板影印本	張淏(撰/宋)	臺北藝文印書館	1965	충남대			
5	甲申雜記	도서	木版本	王鞏(撰/宋)陶珽(重輯/明)	姚安宛委山堂	1647(順治4)	서울대중앙			
6	江淮異人錄	도서	木板影印本	吳淑(撰/宋)	臺北藝文印書館	1965	충남대			
7	雞肋編	도서	木版本	莊綽(撰/宋)陶珽(重輯/明)	姚安宛委山堂	1647(順治4)	서울대중앙			
8	癸辛雜識	도서	木版本	周密(著/宋)商濬(校/明)		清初	한중연			
9	桂海虞衡志	도서	木板影印本	範成大(撰/宋)	臺北藝文印書館	1965	충남대			
10	高齋漫錄	도서	木板影印本	曾慥(撰/宋)	臺北藝文印書館	1968	충남대			
11	古杭雜記	도서	木板影印本	李有(撰/元)	臺北藝文印書館	1965	충남대			
12	曲洧舊聞	도서	木板影印本	朱弁(撰/宋)	臺北藝文印書館	1965	충남대			
13	困學齋雜錄	도서	中國木版本	鮮於樞(撰/元)陶湘重(重編)	定州安雅堂	1919(民國9)	서울대중앙			
14	過庭錄	도서	木版本	範公偶(撰/宋)		1616~1911(清)	규장각			
15	廣客談	도서	木板影印本	孫道易(撰/元)	臺北藝文印書館	1965	충남대			
16	鬼董	도서	木板影印本		臺北藝文印書館	1965	충남대			

번호	자료명	유형	자료형태	편저역자	간행정보	연도	소장처	해제	원문보기	비고
17	貴耳集	도서		張端義(著/宋)	上海商務印書館	1937(民國26)	국도			叢書集成初編2783
18	歸潛志	도서	中國木版本	劉祁(撰/金)		1779(乾隆44)	국도		○	
19	歸田錄	도서	木版本	歐陽修(撰/宋)陶珽(重輯/明)	姚安宛委山堂	1647(順治4)	서울대중앙			
20	睽車志	도서	木板影印本	郭彖(撰/宋)	臺北藝文印書館	1965	충남대			
21	肯綮錄	도서	木版本	趙叔問(撰/宋)李調元(校/淸)	綿州萬卷樓	1825(道光5)	서울대중앙			
22	南部新書	도서	木板影印本	錢易(撰/宋)	臺北藝文印書館	1965	충남대			
23	南窗紀談	도서	木板影印本		臺北藝文印書館	1965	충남대			
24	南遷錄	도서	木板影印本	張師顏(撰/金)	臺北藝文印書館	1965	충남대			
25	南村輟耕錄	도서	中國石版本	陶宗儀(編/元)	上海涵芬樓	1912~1930(民國)	고려대			
26	女紅餘志	도서		龍輔(撰/元)	臺北藝文印書館		영남대			
27	能改齋漫錄	도서		吳曾(撰/宋)	上海商務印書館	1939(民國28)	국도			叢書集成初編289-291
28	談藪	도서	木板影印本	龐元英(撰/宋)	臺北藝文印書館	1965	충남대			
29	談淵	도서	木板影印本	王陶(撰/宋)	臺北藝文印書館	1965	충남대			

번호	자료명	유형	자료형태	편저역자	간행정보	연도	소장처	해제	원문보기	비고
30	談苑	도서	木板影印本	孔平仲(撰/宋)	臺北藝文印書館	1965	충남대			
31	唐語林	도서	新鉛活字本	王讜(撰/宋)	上海商務印書館	1920(民國9)	동국대			
32	棠陰比事續編	도서	新活字本	吳訥(輯, 刪正/明)	北京中華書局	1985	경상대			
33	棠陰比事原編	도서	新活字本	桂萬榮(撰/宋)	北京中華書局	1985	경상대			
34	道山清話	도서		道山先生(撰/宋) 王雲五(編)	上海商務印書館	1939(民國28)	국도			叢書集成初編2785
35	陶朱新錄	도서	木板影印本	馬純(撰/宋)	臺北藝文印書館	1966	충남대			
36	獨醒雜志	도서		曾敏行(撰/宋)	上海商務印書館	1937(民國26)	국도			叢書集成初編2775
37	東京夢華錄	도서	木版本	孟元老(撰/宋) 陶珽(重輯/明)	姚安宛委山堂	1647(順治4)	서울대중앙			
38	東南紀聞	도서	木板影印本		臺北藝文印書館	1968	충남대			
39	東齋記事	도서		範鎭(撰/宋)	上海商務印書館	1936(民國25)	국도			叢書集成初編2744
40	東軒筆錄	도서	木版本	魏泰(撰/宋)		1616~1911(清)	규장각			
41	欒城遺言	도서	石印本	蘇籀(撰/宋)	臺北藝文印書館	1965	충남대			
42	冷齋夜話	도서		釋惠洪(撰/宋)	京林甚右衛門	1645(正保2)	국도		○	

번호	자료명	유형	자료형태	편저역자	간행정보	연도	소장처	해제	원문보기	비고
43	梁溪漫志	도서	中國木版本	費袞(撰/宋)		1776(乾隆41)	국도		○	
44	梁公九諫	도서			臺北藝文印書館		영남대			
45	呂氏雜記	도서		呂希哲(撰/宋)	臺北藝文印書館		영남대			
46	麗情集	도서	木板影印本	張君房(撰/宋)	臺北藝文印書館	1965	충남대			
47	醴泉筆錄	도서		江休複(撰/宋)	臺北藝文印書館		영남대			
48	蘆浦筆記	도서	中國木版本	劉昌詩(撰/宋)		1798(嘉慶3)	국도			
49	老學庵筆記	도서	木版本	陸遊(撰/宋)		1368~1644(明)	규장각			
50	綠珠傳	도서	新活字本		北京中華書局	1985	경상대			
51	龍川略志	도서		蘇轍(撰/宋)俞宗憲(點校)	北京中華書局	1982	國博圖			
52	李師師外傳	도서	新活字板		北京中華書局	1985	경상대			
53	萬柳溪邊舊話	도서	新活字本	尤玘(撰/元)	北京中華書局	1985	경상대			
54	梅妃傳	도서	石印本		臺北藝文印書館	1965	충남대			
55	茅亭客話	도서	木板影印本	黃休複(撰/宋)	臺北藝文印書館	1965	충남대			
56	夢溪筆談	도서	影印本	沈括(撰/宋)	上海文瑞樓		국도		○	

번호	자료명	유형	자료형태	편저역자	간행정보	연도	소장처	해제	원문보기	비고
57	夢粱錄	도서		吳自牧 (撰/宋)	上海 商務印 書館	1939 (民國28)	국도			叢書 集成 初編 3219- 3221
58	武林舊事	도서	木板 影印本	周密 (撰/宋)	臺北 藝文印 書館	1965	충남대			
59	武王伐紂平話	도서			北京 華夏 出版社	1995	국도			
60	墨客揮犀	도서	木板 影印本	彭乘 (撰/宋)	臺北 藝文印 書館	1965	충남대			
61	默記	도서	木板 影印本	王銍 (撰/宋)	臺北 藝文印 書館	1965	충남대			
62	墨莊漫錄	도서	木板 影印本	張邦基 (撰/宋)	臺北 藝文印 書館	1965	충남대			
63	文房四譜	도서	日本 新鉛 活字本	蘇易簡 (撰/宋)	京都 便利堂	1941 (昭和16)	고려대			
64	物異考	도서	木板 影印本	方鳳 (撰/元)	臺北 藝文印 書館	1965	충남대			
65	澠水燕談錄	도서		王辟之 歐陽修 (撰/宋)	北京 中華 書局	1981	國博圖			
66	密齋筆記	도서	木板 影印本	謝采伯 (撰/宋)	臺北 藝文印 書館	1967	충남대			
67	泊宅編	도서	木板 影印本	方勺 (撰/宋)	臺北 藝文印 書館	1965	충남대			
68	白獺髓	도서	木版本	張仲文(撰/宋) 陶珽(重輯/明)	姚安宛 委山堂	1647 (順治4)	서울대 중앙			
69	碧雲瑕	도서	石印本	梅堯臣 (撰/宋)	臺北 藝文印 書館	1965	충남대			

번호	자료명	유형	자료형태	편저역자	간행정보	연도	소장처	해제	원문보기	비고
70	葆光錄	도서	石印本	陳纂 (撰/宋)	臺北 藝文印 書館	1965	충남대			
71	步裏客談	도서	木板 影印本	陳長方 (撰/宋)	臺北 藝文印 書館	1968	충남대			
72	補侍兒小名錄	도서	木板 影印本	王銍 (撰/宋)	臺北 藝文印 書館	1965	충남대			
73	拊掌錄	도서	木板 影印本	元懷 (撰/元)	臺北 藝文印 書館	1965	충남대			
74	焚椒錄	도서	木版本	王鼎(著/遼) 陳繼儒(輯/明) 姚士粦(校/明)	尙白齋	1606 (萬曆34)	서울대 중앙			
75	賓退錄	도서	木板 影印本	趙與時 (撰/宋)	臺北 藝文印 書館	1965	충남대			
76	四朝聞見錄	도서	木版本	葉紹翁 (撰/宋)	杭州 留香室	1814 (嘉慶19)	서울대 중앙			
77	山家清事	도서	石印本	林洪 (撰/宋)	臺北 藝文印 書館	1965	충남대			
78	山房隨筆	도서	中國 木板本	蔣子正 (撰/元)			국도		○	
79	三國志平話	도서		정원기 (역주)	청양	2000	국도			
80	三楚新錄	도서	木板 影印本	周羽翀 (撰/宋)	臺北 藝文印 書館	1965	충남대			
81	西塘耆舊續聞	도서		陳鵠 (撰/宋)	上海 商務印 書館	1936 (民國25)	국도			叢書 集成 初編 2776
82	鼠璞	도서	木版本	戴埴(撰/元) 陶珽(重輯/明)	姚安宛 委山堂	1647 (順治4)	서울대 중앙			
83	庶齋老學叢談	도서		盛如梓 (撰/元)	上海 商務印 書館	1939 (民國28)	국도			叢書 集成 初編 328

번호	자료명	유형	자료형태	편저역자	간행정보	연도	소장처	해제	원문보기	비고
84	宣和遺事	도서		鹽穀溫(譯)	東京國民文庫刊行會	1920	국도		○	
85	世範	도서	日本木版本	袁案(撰/宋)		1793(寬政5)	국도		○	
86	蘇東坡志林	도서	日本木版本	蘇軾(撰/宋)	東京植村藤右衛門	1812(文化9)	국도		○	
87	邵氏聞見後錄	도서	木板影印本	邵博(撰/宋)	臺北藝文印書館	1965	충남대			
88	蘇黃門龍川別志	도서	木版本	蘇轍(撰/宋)		1616~1911(淸)	규장각			
89	續談助	도서	木板影印本	晁載之(撰/宋)	臺北藝文印書館	1968	충남대			
90	續墨客揮犀	도서	新鉛活字影印本	彭乘(撰/宋)	臺北藝文印書館	1965	충남대			
91	續博物志	도서	中國木版本	李石(撰/宋)		1912	국도		○	
92	續夷堅志	도서		元好問(撰/金)	上海商務印書館	1939(民國28)	국도			叢書集成初編2715
93	孫公談圃	도서	石印本	孫升(撰/宋)	臺北藝文印書館	1965	충남대			
94	松漠紀聞	도서	中國木版本	洪皓(撰/宋)胡思敬(輯/淸)	退廬圖書館	1923	서울대중앙			
95	隨手雜錄	도서	新活字本	王鞏(撰/宋)	北京中華書局	1985	경상대			
96	搜神秘覽	도서	木板影印本	章炳文(撰/宋)	臺北藝文印書館	1965	충남대			
97	遂昌雜錄	도서	石版本	鄭元祐(著/元)商濬(校/明)			규장각			

번호	자료명	유형	자료형태	편저역자	간행정보	연도	소장처	해제	원문보기	비고
98	侍兒小名錄拾遺	도서		張邦畿(編輯/宋)	上海商務印書館	1937(民國26)	국도			叢書集成初編3313
99	新編五代史平話	도서			北京華夏出版社	1995	국도			
100	新編醉翁談錄	도서	日本影印本	羅燁(撰/宋)		1940(昭和15)	국도		○	
101	新編醉翁談錄	도서	木板影印本	金盈之(撰/宋)	臺北藝文印書館	1970	충남대			
102	深雪偶談	도서		方嶽(撰/宋)	上海商務印書館	1936(民國25)	국도			叢書集成初編2572
103	樂郊私語	도서	新活字本	姚桐壽(撰/元)	北京中華書局	1985	경상대			
104	岩下放言	도서	木版本	葉夢得(撰/宋)陶珽(重輯/明)	姚安宛委山堂	1647(順治4)	서울대중앙			
105	養屙漫筆	도서	木板影印本	趙緝(輯/宋)	臺北藝文印書館	1965	충남대			
106	楊太真外傳	도서	中國木版本	樂史(撰/宋)			국도			
107	汝南遺事	도서	中國木版本	王鶚(撰/元)陶湘重(重編)	定州安雅堂	1919(民國9)	서울대중앙			
108	硯北雜志	도서	木板影印本	陸友仁(撰/元)	臺北藝文印書館	1965	충남대			
109	吳中舊事	도서	木板影印本	陸友仁(撰/元)	臺北藝文印書館	1965	충남대			
110	玉堂嘉話	도서		王惲(撰/元)	上海商務印書館	1939(民國28)	국도			叢書集成初編326

번호	자료명	유형	자료형태	편저역자	간행정보	연도	소장처	해제	원문보기	비고
111	玉照新志	도서	木版本	王明清(撰/宋)沈士龍沈德先沈孚先(同校/明)陳繼儒(輯/明)	尙白齋	1606(萬曆34)	서울대중앙			
112	玉壺淸話	도서	木板影印本	釋文瑩(撰/宋)	臺北藝文印書館	1965	충남대			
113	甕中人語	도서	木板影印本	韋承(撰/宋)	臺北藝文印書館	1972	충남대			
114	王文正公遺事	도서	新活字本	王素(撰/宋)	北京中華書局	1985	경상대			
115	王文正公筆錄	도서	石印本	王曾(撰/宋)	臺北藝文印書館	1965	충남대			
116	容齋四筆	도서		洪邁(撰/宋)		1616~1911(淸)	국도		○	
117	容齋三筆	도서		洪邁(撰/宋)		1616~1911(淸)	국도		○	
118	容齋續筆	도서		洪邁(撰/宋)		1616~1911(淸)	국도		○	
119	容齋隨筆	도서	中國木版本	洪邁(撰/宋)		1883(光緖9)	국도		○	
120	容齋五筆	도서		洪邁(撰/宋)		1616~1911(淸)	국도		○	
121	雲麓漫鈔	도서		趙彦衛(撰/宋)	上海商務印書館	1936(民國25)	국도			叢書集成初編297-296
122	儒林公議	도서	木板影印本	田況(撰/宋)	臺北藝文印書館	1965	충남대			

번호	자료명	유형	자료 형태	편저 역자	간행 정보	연도	소장처	해제	원문 보기	비고
123	夷堅志	도서	中國 石版本	洪邁 (撰/宋)		1911 (宣統3)	고려대			
124	昨夢錄	도서	木板 影印本	康與之 (撰/宋)	臺北 藝文印 書館	1965	충남대			
125	張太史明道雜志	도서	石印本	張耒 (撰/宋)	臺北 藝文印 書館	1965	충남대			
126	錢塘先賢傳贊	도서	木板 影印本	袁韶 (撰/宋)	臺北 藝文印 書館	1965	충남대			
127	錢塘遺事	도서	木版本	劉一清(撰/元) 席世臣(訂/淸)	掃葉 山房	1616~ 1911(淸)	규장각			
128	錢氏私志	도서	木板 影印本	錢緗 (撰/宋)	臺北 藝文印 書館	1965	충남대			
129	竊憤錄	도서	木板 影印本	辛棄疾 (撰/宋)	臺北 藝文印 書館	1965	충남대			
130	程史	도서	木板 影印本	嶽軻 (撰/宋)	臺北 藝文印 書館	1965	충남대			
131	丁晉公談錄	도서	石印本	丁謂 (撰/宋)	臺北 藝文印 書館	1965	충남대			
132	朝野遺記	도서	木板 影印本		臺北 藝文印 書館	1965	충남대			
133	至正直記	도서	木板 影印本	孔齊 (撰/元)	臺北 藝文印 書館	1965	충남대			
134	珍席放談	도서	木板 影印本	高晦叟 (撰/宋)	臺北 藝文印 書館	1965	충남대			
135	鐵圍山叢談	도서	木板 影印本	蔡絛 (撰/宋)	臺北 藝文印 書館	1965	충남대			
136	青樓集	도서	木版本	夏庭芝 (撰/元)		1908 (光緖34)	규장각			

번호	자료명	유형	자료형태	편저역자	간행정보	연도	소장처	해제	원문보기	비고
137	靑箱雜記	도서	木版本	吳處厚(撰/宋)陶珽(重輯/明)	姚安宛委山堂	1647(順治4)	서울대중앙			
138	淸尊錄	도서	木版本	廉布(撰/宋)陶珽(重輯/明)	姚安宛委山堂	1647(順治4)	서울대중앙			
139	淸波雜志	도서	影印本	周輝(撰/宋)	上海涵芬樓	1934(民國23)	영남대			
140	蜀檮杌	도서	木版本	張唐英(撰/宋)陶珽(重輯/明)	姚安宛委山堂	1647(順治4)	서울대중앙			
141	春明退朝錄	도서	木版本	宋敏求(撰/宋)陶珽(重輯/明)	姚安宛委山堂	1647(順治4)	서울대중앙			
142	春渚紀聞	도서	木版本	何薳(撰/宋)祝昌泰(輯/淸)	杭州留香室	1811(嘉慶16)	서울대중앙			
143	太平廣記	도서	木版本	李昉(撰/宋)黃晟(校刊/淸)	三讓睦記	1846(道光26)	규장각			
144	退齋筆錄	도서	木板影印本	侯延慶(撰/宋)	臺北藝文印書館	1965	충남대			
145	平江記事	도서	木板影印本	高德基(撰/元)	臺北藝文印書館	1965	충남대			
146	萍洲可談	도서	石印本	朱彧(撰/宋)	臺北藝文印書館	1965	충남대			
147	避暑錄話	도서		葉夢得(撰/宋)	上海商務印書館	1939(民國28)	국도			叢書集成初編2786-2787
148	鶴林玉露	도서	筆寫本	羅大經(撰/宋)		1844	국도		○	
149	鶴山筆錄	도서	縮刷影印本	魏了翁(撰/宋)	北京中華書局	1985	경상대			
150	閑燕常談	도서	木板影印本	董弅(撰/宋)	臺北藝文印書館	1965	충남대			
151	閑窓括異志	도서	木版本	魯應龍(著/宋)		1368~1644(明)	규장각			

번호	자료명	유형	자료 형태	편저 역자	간행 정보	연도	소장처	해제	원문 보기	비고
152	韓忠獻公遺事	도서		強至 (撰/元)	臺北 藝文印 書館		영남대			
153	海陵三仙傳	도서	新 活字本	王禹錫 (撰/宋)	北京 中華 書局	1985	경상대			
154	螢雪叢說	도서	木版本	俞成(撰/宋) 陶珽(重輯/明)	姚安宛 委山堂	1647 (順治4)	서울대 중앙			
155	畫墁錄	도서	木板 影印本	張舜民 (撰/宋)	臺北 藝文印 書館	1965	충남대			
156	厚德錄	도서	石印本	李元綱 (撰/宋)	臺北 藝文印 書館	1965	충남대			
157	敬齋古今黈	도서	中國 木版本	李治(撰/元) 陶湘重(重編)	定州 安雅堂	1919 (民國9)	서울대 중앙			
158	大唐三藏取經詩話	도서	中國 木板本			1912~ 1945 (民國)	국도			
159	東坡居士艾子雜說	도서	石印本	蘇軾 (撰/宋)	臺北 藝文印 書館	1965	충남대			
160	聞見近錄	도서	影印本	王鞏 (撰/宋)	北京 中華 書局	1984	조선대			
161	師友談記	도서	石印本	李廌 (撰/宋)	臺北 藝文印 書館	1965	충남대			
162	湘山野錄	도서	中國新 活字本	釋文瑩 (輯/宋)	上海 有正 書局	1917	동아대			
163	石林燕語	도서	木板 影印本	葉夢得 (撰/宋)	臺北 藝文印 書館	1965	충남대			
164	席上腐談	도서	木板 影印本	俞琰 (撰/元)	臺北 藝文印 書館	1965	충남대			
165	續補侍兒小名錄	도서	木板 影印本	溫豫 (編輯/宋)	臺北 藝文印 書館	1965	충남대			

번호	자료명	유형	자료형태	편저역자	간행정보	연도	소장처	해제	원문보기	비고
166	續湘山野錄	도서		釋文瑩(撰/宋) 鄭世剛 楊立揚(點校)	北京 中華 書局	1984	國博圖			
167	續世說	도서	木板影印本	孔平仲 (撰/宋)	臺北 藝文印 書館	1968	충남대			
168	涑水記聞	도서	中國木版本	司馬光 (撰/宋)		1775 (乾隆40)	국도			
169	愛日齋叢鈔	도서	木版本	葉寘(撰/宋) 陶珽(重輯/明)	姚安宛 委山堂	1647 (順治4)	서울대 중앙			
170	燕魏雜記	도서	木板影印本	呂頤浩 (撰/宋)	臺北 藝文印 書館	1965	충남대			
171	月河所聞集	도서		莫君陳 (撰/宋)	北京 文物 出版社	1992	조선대			
172	齊東野語	도서	石版本	周密 (撰/宋)	上海 掃葉 山房	1616~ 1911 (淸)	규장각			
173	中吳紀聞	도서	中國影印本	龔明之 (撰/宋)		1916 (民國5)	국도			
174	陳眉公訂正南唐近事	도서	木版本	鄭文寶(編/宋) 黃承玄 沈德先 (共校/明) 陳繼儒(輯/明)	尙白齋	1606 (萬曆34)	서울대 중앙			
175	太平廣記	도서		李昉(撰/宋) 黃晟(校刊/淸)			국도		○	
176	楓窓小牘	도서		袁褧(撰/宋) 袁頤(續/宋) 姚士麟(校/明)	上海 商務印 書館	1939 (民國28)	국도			叢書 集成 初編 2784
177	閑窓括異志	도서	木版本	魯應龍 (著/宋)		1368~ 1644 (明)	규장각			
178	湖海新聞夷堅續志	도서	木板影印本		臺北 藝文印 書館	1970	충남대			
179	侯鯖錄	도서	筆寫本	趙令畤 (撰/宋)			국도		○	

번호	자료명	유형	자료형태	편저역자	간행정보	연도	소장처	해제	원문보기	비고
					明					
1	江湖歷覽杜騙新書	도서	日本木版本	張應俞(撰/明)	東京皇都書林	1818(文政元年)	서울대중앙			
2	客座新聞	도서	影印本	沈周(撰/明)續修四庫全書編纂委員會(編)	上海古籍出版社	2000	국도			續修四庫全書1167子部雜家類
3	客座贅語	도서	新活字本	顧起元(撰/明)	北京中華書局	1985	경상대			
4	蹇齋瑣綴錄	도서	木板影印本	尹直(撰/明)	臺北藝文印書館	1965	충남대			
5	見聞雜記	도서	影印本	李樂(撰/明)續修四庫全書編纂委員會(編)	上海古籍出版社	2000	국도			續修四庫全書1171子部雜家類
6	見只編	도서		姚士粦(撰/明)	上海商務印書館	1936(民國25)	국도			叢書集成初編3964
7	庚巳編	도서	縮刷影印本	陸粲(撰/明)	北京中華書局	1985	경상대			
8	警世通言	도서		馮夢龍(輯/明)	長春時代文藝出版社	2001	국도			
9	溪山餘話	도서	木板影印本	陸深(撰/明)	臺北藝文印書館	1965	충남대			
10	古今譚概	도서		馮夢龍(編/明)	北京中華書局	2007	한밭도			
11	古今諺	도서	木板影印本	楊慎(撰/明)	臺北藝文印書館	1965	충남대			

번호	자료명	유형	자료 형태	편저 역자	간행 정보	연도	소장처	해제	원문 보기	비고
12	古穰雜錄	도서	木板 影印本	李賢 (撰/明)	臺北 藝文印 書館	1965	충남대			
13	嶠南瑣記	도서	木板 影印本	魏浚 (撰/明)	臺北 藝文印 書館	1965	충남대			
14	舊京遺事	도서	新鉛 活字本	史玄 (撰/明)		淸末民 初	성균관			
15	九籥別集	도서	影印本	宋懋澄 (撰/明)	上海 古籍 出版社	2002	국도			續修 四庫 全書 1341 ~1380 集部 別集類
16	九籥集	도서	影印本	宋懋澄(撰/明) 續修四庫全 書編纂委員 會(編)	上海 古籍 出版社	2002	국도			續修 四庫 全書 1341 ~1380 集部 別集類
17	群碎錄	도서	木板 影印本	陳繼儒 (撰/明)	臺北 藝文印 書館	1965	충남대			
18	近峰紀略	도서	新 活字本	皇甫錄 (撰/明)	北京 中華 書局	1985	경상대			
19	機警	도서	木板 影印本	王文祿 (撰/明)	臺北 藝文印 書館	1965	충남대			
20	紀夢	도서	木板 影印本	朱元璋 (撰/明)	臺北 藝文印 書館	1965	충남대			
21	奇聞類記	도서	木板 影印本	施顯卿 (撰/明)	臺北 藝文印 書館	1965	충남대			
22	磯園稗史	도서	影印本	孫繼芳(撰/明) 續修四庫全 書編纂委員 會(編)	上海 古籍 出版社	2000	국도			續修 四庫 全書 1170 子部 雜家類

번호	자료명	유형	자료형태	편저역자	간행정보	연도	소장처	해제	원문보기	비고
23	己瘧編	도서	木板影印本	劉玉(撰/明)	臺北藝文印書館	1965	충남대			
24	南北朝新語	도서	影印本	林茂桂(撰/明)	北京中國書店	1990	국도			
25	農田餘話	도서	木板影印本	張翼(撰/明)	臺北藝文印書館	1965	충남대			
26	談輅	도서	木板影印本	張鳳翼(撰/明)	臺北藝文印書館	1965	충남대			
27	對客燕談	도서	木板影印本	邵寶(撰/明)	臺北藝文印書館	1970	충남대			
28	大明英烈傳	도서	筆寫本			1896(建陽元年)	고려대			
29	讀書鏡	도서	木版本	陳繼儒(著/明)怡立方(校/明)	味經書院	1878(光緒4)	서울대중앙			
30	東遊記	도서	筆寫本	吳元泰(撰/明)			국도	○	○	
31	遼陽海神傳	도서		蔡羽(述/明)	臺北藝文印書館		영남대			
32	馬氏日鈔	도서	木板影印本	馬愈(撰/明)	臺北藝文印書館	1965	충남대			
33	覓燈因話	도서	木版本	邵景詹(撰/明)	遙靑閣纂錄	1616~1911(淸)	규장각			
34	冥寥子遊	도서	木板影印本	屠隆(撰/明)	臺北藝文印書館	1965	충남대			
35	明珠緣	도서		李淸(撰/明)中國歷代禁毀小說編委會(主編)	北京大衆文藝出版社	2010	국도			中國歷代禁毀小說第1冊
36	明興雜記	도서	筆寫本	陳敬則(撰/明)			단국대			

번호	자료명	유형	자료형태	편저역자	간행정보	연도	소장처	해제	원문보기	비고
37	百可漫志	도서	木板影印本	陳鼎(撰/明)	臺北藝文印書館	1965	충남대			
38	碧裏雜存	도서	木板影印本	董穀(撰/明)	臺北藝文印書館	1967	충남대			
39	病逸漫記	도서	木板影印本	陸釴(撰/明)	臺北藝文印書館	1965	충남대			
40	病榻遺言	도서	木板影印本	高拱(撰/明)	臺北藝文印書館	1965	충남대			
41	複齋日記	도서	木板影印本	許浩(撰/明)	臺北藝文印書館	1965	충남대			
42	蓬窗類記	도서	中國新鉛活字本	黃暐(撰/明)	上海涵芬樓	1912~1949(民國)	동국대			
43	蓬窗日錄	도서	影印本	陳全之(撰/明)續修四庫全書編纂委員會(編)	上海古籍出版社	2000	국도			續修四庫全書1125子部雜家類
44	北遊記	도서	石版本	餘象鬥(撰/明)	上海廣益書局	1912(民國元年)	한양대			繪圖北方眞武祖師玄天上帝出身全傳
45	北窗瑣語	도서	木板影印本	餘永麟(撰/明)	臺北藝文印書館	1965	충남대			
46	霏雪錄	도서	木板影印本	劉績(撰/明)	臺北藝文印書館	1965	충남대			
47	四友齋叢說	도서	木板影印本	何良俊(撰/明)	臺北藝文印書館	1965	충남대			

번호	자료명	유형	자료형태	편저역자	간행정보	연도	소장처	해제	원문보기	비고
48	西遊記	도서		楊志和(撰/明)	北京中國戲劇出版社	1999	국도			四遊記之一
49	西遊補	도서		董說(撰/明)劉一平(主編)	北京書目文獻出版社	1996	국도			北京圖書館藏珍本小說叢刊第1輯第1~15冊
50	西遊釋厄傳	도서		朱鼎臣(編/明)古本小說叢刊編集委員會(編)	北京中華書局	1987	국도			古本小說叢刊第1輯第1冊
51	西湖遊覽志餘	도서		田汝成(編/明)		1619(萬曆47)	국도			
52	西湖二集	도서		周清原(撰/明)	北京中國戲劇出版社	2000	국도			
53	石田雜記	도서	木板影印本	沈周(撰/明)	臺北藝文印書館	1965	충남대			
54	石點頭	도서		天然癡叟(撰/明)	北京中國戲劇出版社	2000	국도			
55	先進遺風	도서	木板影印本	耿定向(撰/明)	臺北藝文印書館	1965	충남대			
56	禪真逸史	도서	木版本	方汝浩(撰/明)			단국대			
57	禪真後史	도서		清溪道人(著/明)	北京中國戲劇出版社	2000	국도			
58	涉異志	도서		閔文振(撰/明)	上海商務印書館	1939(民國28)	국도			叢書集成初編2726

번호	자료명	유형	자료형태	편저역자	간행정보	연도	소장처	해제	원문보기	비고
59	醒世恒言	도서		馮夢龍(輯/明) 顧學頡(校注)	北京人民文學出版社	1990	국도			
60	蘇談	도서	木板影印本	楊循吉(撰/明)	臺北藝文印書館	1965	충남대			
61	松窗夢語	도서	木板影印本	張瀚(撰/明)	臺北藝文印書館	1971	충남대			
62	水東日記	도서	木版本	葉盛(撰/明)		1574(宣祖7) 2001	국도		○	
63	繡像綠牡丹全傳	도서	石印本	吳炳(撰/明)	上海文宜書局	1897(光緒23)	성균관			
64	隋煬豔史	도서		齊東野人(撰/明) 김장환 박재연 김영(校註)	학고방중한번역문헌연구소	2009	국도			
65	水滸傳	도서	筆寫本	施耐庵(撰/明)			국도		○	
66	菽園雜記	도서	木板影印本	陸容(撰/明)	臺北藝文印書館	1968	충남대			
67	僧尼孽海	도서		董永洙(評譯)	울림사	1996	국도			
68	新倩籍	도서	木板影印本	徐禎卿(撰/明)	臺北藝文印書館	1965	충남대			
69	雙卿筆記	도서		劉世德 陳慶浩 石昌渝(共編)	中華書局	1991	국도			古本小說叢刊第39輯第3冊
70	野記	도서	木版本	祝允明(撰/明)		1874(同治13)	성균관			
71	汝南遺事	도서	中國木版本	李本固(撰/明)	虞山	1812(嘉慶17)	서울대중앙			

번호	자료명	유형	자료 형태	편저 역자	간행 정보	연도	소장처	해제	원문 보기	비고
72	吳社編	도서	木板 影印本	王穉登 (撰/明)	臺北 藝文印 書館	1965	충남대			
73	吳乘竊筆	도서	木板 影印本	許元溥 (撰/明)	臺北 藝文印 書館	1967	충남대			
74	五雜爼	도서	日本 木版本	謝肇淛 (著/明)		1795 (寬政7)	국도		○	
75	玉堂叢語	도서		焦竑 (撰/明)	北京 中華 書局	1981	국도			
76	玉堂薈記	도서	中國 木版本	楊士聰(撰/明) 張海鵬(校/淸)	虞山	1812 (嘉慶17)	서울대 중앙			
77	湧幢小品	도서	影印本	朱國禎(撰/明) 續修四庫全 書編纂委員 會(編)	上海 古籍 出版社	2000	국도			續修 四庫 全書 1172 子部 雜家類
78	寅圃雜記	도서	木板 影印本	王綺 (撰/明)	臺北 藝文印 書館	1965	충남대			
79	雲林遺事	도서	木板 影印本	顧元慶 (撰/明)	臺北 藝文印 書館	1967	충남대			
80	喻世明言	도서		馮夢龍 (輯/明)	長春 時代 文藝 出版社	2001	국도			
81	醫間漫記	도서	影印 縮刷本	賀欽 (撰/明)	北京 中華 書局	1985	경상대			
82	二刻拍案驚奇	도서		凌濛初 (輯/明)	長春 時代 文藝 出版社	2001	국도			
83	異林	도서		徐禎卿 (撰/明)	臺北 藝文印 書館		영남대			

번호	자료명	유형	자료형태	편저역자	간행정보	연도	소장처	해제	원문보기	비고
84	耳新	도서	木板影印本	鄭仲夔(撰/明)	臺北藝文印書館	1965	충남대			
85	二酉委譚	도서	木板影印本	王世懋(撰/明)	臺北藝文印書館	1965	충남대			
86	益部談資	도서	木板影印本	何宇度(撰/明)	臺北藝文印書館	1965	충남대			
87	剪燈新話句解	도서	甲寅字飜刻板本	瞿佑(撰/明)垂胡子(集解)		1704(肅宗30)	성균관			
88	剪燈餘話	도서	日本木版本	李昌祺(編著/明)張光啓(校)		1692(元祿5)	국도		○	
89	甎勝野聞	도서	木板影印本	徐禎卿(撰/明)	臺北藝文印書館	1965	충남대			
90	珍珠船	도서	新活字本	陳繼儒(撰/明)沈德先(校)	北京中華書局	1985	경상대			
91	震澤紀聞	도서	中國木版本	王鏊(撰/明)張海鵬(校/淸)	虞山	1812(嘉慶17)	서울대중앙			
92	泉南雜志	도서	木板影印本	陳懋仁(撰/明)	臺北藝文印書館	1965	충남대			
93	聽雨紀談	도서	木板影印本	都穆(撰/明)	臺北藝文印書館	1967	충남대			
94	淸平山堂話本	도서		洪楩(編/明)		1929(民國18)	동아대			
95	初刻拍案驚奇	도서		凌濛初(輯/明)	長春時代文藝出版社	2001	국도		○	
96	椒宮舊事	도서	木板影印本	王達(撰/明)	臺北藝文印書館	1965	충남대			

번호	자료명	유형	자료형태	편저역자	간행정보	연도	소장처	해제	원문보기	비고
97	初潭集	도서		李贄(纂輯/明) 王克安 (重訂/明)					○	
98	草木子	도서	中國木版本	葉子奇 (撰/明)		1875 (光緒元年)				
99	醋葫蘆	도서		西子湖伏雌教主(撰/明) 劉世德 陳慶浩 石昌渝 (共編)	北京中華書局	1990	국도			古本小說叢刊第8輯第1~2冊
100	秋涇筆乘	도서	木板影印本	宋鳳翔 (撰/明)	臺北藝文印書館	1965	충남대			
101	畜德錄	도서	木板影印本	陳沂 (撰/明)	臺北藝文印書館	1965	충남대			
102	七修類稿	도서	中國木版本	郎瑛 (著述/明)		1880 (光緒6)	국도		○	
103	快雪堂漫錄	도서	木板影印本	馮夢禎 (撰/明)	臺北藝文印書館	1965	충남대			
104	太平清話	도서	木板影印本	陳繼儒 (撰/明)	臺北藝文印書館	1965	충남대			
105	投甕隨筆	도서	木板影印本	薑南 (撰/明)	臺北藝文印書館	1965	충남대			
106	汴京鳩異記	도서	木板影印本	李濂 (撰/明)	臺北藝文印書館	1965	충남대			
107	敝帚軒剩語	도서	新活字本	沈德符 (撰/明)	北京中華書局	1985	경상대			
108	風月堂雜識	도서	木板影印本	薑南 (撰/明)	臺北藝文印書館	1965	충남대			
109	筆記	도서	木板影印本	陳繼儒 (撰/明)	臺北藝文印書館	1965	충남대			

번호	자료명	유형	자료형태	편저역자	간행정보	연도	소장처	해제	원문보기	비고
110	漢雜事秘辛	도서	木版本	陶珽 (重輯/明)	姚安宛 委山堂	1647 (順治4)	서울대 중앙			
111	香案牘	도서	木板 影印本	陳繼儒 (撰/明)	臺北 藝文印 書館	1965	충남대			
112	懸笥瑣探	도서	木板 影印本	劉昌 (撰/明)	臺北 藝文印 書館	1965	충남대			
113	賢識錄	도서		陸釴 (撰/明)	上海 商務印 書館	1937 (民國26)	국도			叢書 集成 初編 3963
114	賢弈編	도서	木版本	劉元卿(撰/明) 嶽元聲 陳繼儒 (同校/明)	尙白齋	1606 (萬曆34)	서울대 중앙			
115	畫禪室隨筆	도서	木板本	董其昌(撰/明) 楊補(編次) 陳王賓(校訂)		1720 (康熙59)	성균관			
116	花神三妙傳	도서		劉世德 陳慶浩 石昌渝 (共編)	中華 書局	1991	국도			古本 小說 叢刊 第40輯 第1冊
117	花影集	도서		陶輔 (撰/明)		1646 (仁祖24)	국도		○	
118	繪圖南遊記傳	도서	石版本	餘象門 (撰/明)	上海 廣益 書局	1912 (民國 元年)	한양대			
119	繪圖封神演義	도서	中國 石版本	許仲琳 (編/明)	上海 天寶 書局		국도			
120	繪圖西遊記傳	도서	石版本	楊致和 (撰/明)	上海 廣益 書局	1912 (民國 元年)	한양대			
121	(新釋)水滸傳	도서		施耐庵(撰/明) 尹白南(譯)	京城 博文 書館	1930	국도			단기 4263

번호	자료명	유형	자료형태	편저역자	간행정보	연도	소장처	해제	원문보기	비고
122	江漢叢談	도서	中國木版本	陳士元(纂/明) 李心地 (覆校/淸) 丁兆松 (續校/淸)	三餘艸堂	1891 (光緒17)	서울대 중앙			
123	京本通俗小說	도서	新鉛活字本				서울대 중앙			照宋本刊
124	古今列女傳	도서	影印本	謝縉 (奉敕撰/明)	北京中國書店	2018	국도			
125	古今說海	도서	中國木板本	陸楫等 (輯/明)		1522	국도		○	
126	皐鶴堂批評第一奇書金甁梅	도서	石版本	蘭陵笑笑生 (撰/明) 張竹坡 (批評/淸)	影松軒藏板	1695 (康熙乙亥)	한양대			
127	廣博物志	도서	木版本	董斯張(撰/明) 楊鶴(訂/明)	高暉堂	1761 (乾隆26)	규장각			
128	金甁梅	도서		蘭陵笑笑生 (撰/明) 李周洪(譯)	語文閣	1987	인천시 주안도			
129	大宋中興通俗演義	도서		熊大木(著/明) 侯忠義(主編)	成都巴蜀書社	1995	국도			明代小說輯刊第2輯(2)
130	琅琊漫抄	도서	新活字本	文林 (撰/明)	北京中華書局	1985	경상대			
131	遼海丹忠錄	도서		陸人龍(撰/明) 신해진(譯註)	보고사	2019	국도			
132	方洲雜言	도서	木板影印本	張寧 (撰/明)	臺北藝文印書館	1965	충남대			
133	西遊記	도서		吳承恩 (撰/明)			국도			
134	損齋備忘錄	도서	木板影印本	梅純 (撰/明)	臺北藝文印書館	1965	충남대			

번호	자료명	유형	자료형태	편저역자	간행정보	연도	소장처	해제	원문보기	비고
135	繡像北宋楊家將全傳	도서	中國石版本		上海千頃堂書局	1924(民國13)	국민대			
136	繡像全圖 三國演義	도서	石版本	羅貫中(撰/明)毛宗崗(評/淸)	英界上海館章圖書局	1853(咸豊3)	단국대			
137	繡像韓湘子全傳	도서		致衡山人(編/明)	서울태화선객	19??	대구가톨릭대			
138	水滸傳	도서	木版本	施耐庵(撰/明)金聖歎(編/淸)		1616~1911(淸)	규장각			
139	映旭齋增訂北宋三遂平妖全傳	도서	木版本	羅貫中(著/明)馮猶龍(增訂)		淸末	성균관			
140	吳風錄	도서	木板影印本	黃省曾(撰/明)	臺北藝文印書館	1965	충남대			
141	玉堂漫筆	도서	木版本	陸深(撰/明)王體國陳繼儒(同校/明)	尙白齋	1606(萬曆34)	서울대중앙			
142	願豊堂漫書	도서	中國木版本	陸深(著/明)王體國(校/明)陳繼儒(輯/明)	尙白齋	1606(萬曆34)	서울대중앙			
143	쟁소館評定通俗演義型世言	도서	木版本	陸人龍(撰/明)		1368~1644(明)	규장각			
144	剪燈新話	도서	筆寫本	瞿佑(撰/明)			단국대			
145	情史類略抄	도서	筆寫本	馮夢龍(輯/明)			국도		○	
146	增像全圖三國演義	도서	石版本	羅貫中(撰/明)毛宗崗(評/淸)	上海錦章書局	1941(民國30)	동국대			
147	增像全圖加批西遊記	도서	石印本	吳承恩(撰/明)陳士斌(詮解)	上海錦章書局	1912(民國元年)	성균관			

번호	자료명	유형	자료 형태	편저 역자	간행 정보	연도	소장처	해제	원문 보기	비고
148	志怪錄	도서	木板 影印本	祝允明 (撰/明)	臺北 藝文印 書館	1965	충남대			
149	青溪暇筆	도서	木板 影印本	姚福 (撰/明)	臺北 藝文印 書館	1965	충남대			
150	彭文憲公筆記	도서	中國 木版本	彭時 (撰/明)	虞山	1812 (嘉慶17)	서울대 중앙			
151	歡喜冤家	도서		西湖漁隱主 人(撰/明)	長春吉 林文史	2007	한밭도			
152	繪圖加批西遊記	도서	中國 石版本	吳承恩 (撰/明)	上海 章福記	1910 (宣統2)	전남대			
153	繪圖封神演義	도서	新鉛 活字本	許仲琳(編/明) 鍾惺(明/批評)	上海 芸華 書局	1897 (光緒23)	성균관			
154	效顰集	도서		趙弼(撰/明) 王靜(訂正)	牙山 鮮文 大學校 中韓 飜譯 文獻 研究所	2003	국도		○	

淸

1	客窗閑話	도서	木版本	吳熾昌 (撰/淸)	本堂	1876 (光緒2)	규장각			
2	居易錄續談	도서	新 活字本	王士禛 (著/淸)	北京 中華 書局	1985	경상대			
3	乾嘉詩壇點將錄	도서	中國 木版本	舒位(撰/淸)	上海 觀古堂	1907 (光緒33)	전남대			
4	劍俠傳	도서	木版本		上海 同文 書局	1886 (光緒12)	규장각			
5	警寤鍾	도서		雲陽嗤嗤 道人(撰/淸) 劉世德 陳慶浩 石昌渝(共編)	北京 中華 書局	1990	국도			古本 小說 叢刊 第11輯 第3冊

번호	자료명	유형	자료 형태	편저 역자	간행 정보	연도	소장처	해제	원문 보기	비고
6	京塵雜錄	도서	木版本	楊懋建 (撰/清)	上海 同文 書局	1886 (光緒12)	국도			
7	觚剩	도서	影印本	鈕琇(撰/清) 續修四庫全 書編纂委員 會(編)	上海 古籍 出版社	2000	국도			續修 四庫 全書 1177 子部 雜家類
8	空空幻	도서		梧崗主人 (著/清)	北京 中國 戲劇 出版社	2000	국도			
9	官場現形記	도서		李伯元(撰/清) 岡本武德(譯)	東京 拓文堂	1941 (昭和16)	국도			
10	巧聯珠	도서		煙霞逸士 (撰/清) 劉世德 陳慶浩 石昌渝(共編)	北京 中華 書局	1991	국도			古本 小說 叢刊 第39輯 第3冊
11	九命奇冤	도서		吳趼人(撰/清) 中國歷代禁 毀小說編委 會(主編)	北京 大眾 文藝 出版社	2010	국도			中國 歷代 禁毀 小說 第14冊
12	九尾狐	도서		夢花館主 (撰/清)	北京 中國 戲劇 出版社	1999	국도			
13	歸田瑣記	도서	中國 木版本	梁章鉅 (撰/清)	北京園	1845 (道光25)	서울대 중앙			
14	今世說	도서	木板 影印本	王晫(撰/清)	臺北 藝文印 書館	1965	충남대			
15	錦繡衣	도서			北京 中國 戲劇 出版社	2000	국도			
16	錦香亭記	도서	筆寫本			1910 (宣統2)	한중연			

번호	자료명	유형	자료형태	편저역자	간행정보	연도	소장처	해제	원문보기	비고
17	歧路燈	도서		李綠園(著/淸)	北京中國戲劇出版社	2000	국도			
18	寄園寄所寄	도서	石版本	趙吉士(輯/淸)	上海文盛書局	1915(民國4)	성균관			
19	女仙外史	도서	中國木版本	呂熊(撰/淸)			국민대			
20	濃情快史	도서	複寫本(原本寫本)		國立中央圖書館	1984	국도			
21	多暇錄	도서	中國木版本	程庭鷺(撰/淸)	觀自得齋	1894(光緒20)	서울대중앙			
22	茶餘客話	도서	木板影印本	阮葵生(撰/淸)	臺北藝文印書館	1965	충남대			
23	蟫史	도서	古活字本	屠紳(撰/淸)	申報館	1874~1908(光緒)	규장각			
24	桃溪客語	도서	中國木版本	吳騫(撰/淸)	鄂渚會稽章氏	1885(光緒11)	서울대중앙			
25	都是幻	도서	木版本				원광대			
26	桃花影傳奇	도서	中國木活字本		北京來薰閣書莊		서울대중앙			
27	豆棚閑話	도서	中國木版本	艾衲居士(撰/淸)百懶道人(重訂/淸)	致和堂	1805(嘉慶10)	고려대			
28	藤陰雜記	도서	影印本	戴璐(撰/淸)續修四庫全書編纂委員會(編)	上海古籍出版社	2000	국도			續修四庫全書1177子部雜家類

번호	자료명	유형	자료형태	편저역자	간행정보	연도	소장처	해제	원문보기	비고
29	浪跡三談	도서	影印本	梁章鉅(撰/清) 續修四庫全書編纂委員會(編)	上海古籍出版社	2000	국도			續修四庫全書 1179 子部 雜家類
30	浪跡續談	도서	影印本	梁章鉅(撰/清) 續修四庫全書編纂委員會(編)	上海古籍出版社	2000	국도			續修四庫全書 1179 子部 雜家類
31	浪跡叢談	도서	影印本	梁章鉅(撰/清) 續修四庫全書編纂委員會(編)	上海古籍出版社	2000	국도			續修四庫全書 1179 子部 雜家類
32	綠野仙蹤全傳	도서	木版本	百門(著/清)	京都務本堂	1847 (道光27)	성균관			後刷
33	隴蜀餘聞	도서		汪士禛(撰/清)			동아대			
34	聊齋志異	도서	石版本	蒲松齡(撰/清) 王士正(評/清) 但明倫(新評/清)	上海掃葉山房	1883 (光緒9)	동국대			
35	聊齋志異拾遺	도서	新活字本	蒲松齡(著/清)	北京中華書局	1985	경상대			
36	劉公案	도서			北京內蒙古人民出版社	2009	인천중앙도			
37	柳南隨筆	도서		王應奎(撰/清)	上海申報館	1878 (光緒4)	국도		○	
38	埋憂集	도서	石印本	朱翊清(著/清)	上海掃葉山房	1914 (民國3)	성균관			
39	夢癡說夢	도서		夢癡學人(編/清)	管可壽齋	1887 (光緒13)	동아대			

번호	자료명	유형	자료형태	편저역자	간행정보	연도	소장처	해제	원문보기	비고
40	武宗外紀	도서	新活字本	毛奇齡(撰/清)	北京中華書局	1985	경상대			
41	文明小史	도서		李寶嘉(撰/清)	南昌江西人民出版社	1989	국도			
42	尾蔗叢談	도서		李調元(著/清)		1825(道光5)	국도			(重鐫)函海第13套5
43	白門衰柳附記	도서		捧花生(撰/清)許豫(編/清)楊亨(清/校)	淞北玉魷生		국도		○	
44	白門新柳記	도서		捧花生(撰/清)許豫(編/清)楊亨(清/校)	淞北玉魷生		국도		○	
45	白門新柳補記	도서		捧花生(撰/清)許豫(編/清)楊亨(清/校)	淞北玉魷生		국도		○	
46	補紅樓夢	도서		嫏嬛山樵(撰/清)中國歷代禁毀小說編委會(主編)	北京大眾文藝出版社	2010	국도			中國歷代禁毀小說第6冊
47	鳳凰池	도서		煙霞散人(撰/清)	北京中國戲劇出版社	2000	국도			
48	浮生六記	도서	插圖全譯本	沈複(撰/清)歐陽居士(譯)	北京中國畫報出版社	2011	국도			
49	婦人集	도서	石版本	陳維崧(撰/清)冒褒(注)		1846(道光26)	국도			
50	負曝閑談	도서		蘧園(撰/清)	南昌江西人民出版社	1988	국도			
51	扶風傳信錄	도서	木板影印本	吳騫(撰/清)	臺北藝文印書館	1965	충남대			

번호	자료명	유형	자료형태	편저역자	간행정보	연도	소장처	해제	원문보기	비고
52	北史演義	도서		杜綱(著/淸)	北京中國戲劇出版社	2000	국도			
53	分甘餘話	도서	石版本	王士禎(著/淸)	上海掃葉山房	1912(民國元年)	성균관			
54	粉妝樓全傳	도서			北京華夏出版社	1995	국도			
55	飛花艶想	도서		樵雲山人(撰/淸)	北京中國戲劇出版社	2000	국도			
56	山齋客譚	도서	影印本	景星杓(撰/淸)續修四庫全書編纂委員會(編)	上海古籍出版社	2000	국도			續修四庫全書1268子部小說家類
57	三岡識略	도서	古活字本	董含(撰/淸)	申報館	1874~1908(光緖)	규장각			
58	賽花鈴	도서		吳興白雲道人(撰/淸)中國歷代禁毁小說編委會(主編)	北京大衆文藝出版社	2010	국도			中國歷代禁毁小說第4冊
59	西征隨筆	도서	中國新活字本	汪景祺(撰/淸)國立北平故宮博物院文獻館(編/民國)	國立北平故宮博物院出版物發行所	1936	동아대			
60	說鈴	도서	中國木版本	吳震方(撰/淸)		1879(光緖5)	국도		○	
61	雪月梅傳	도서	木版本	陳朗(著/淸)董孟汾(評釋/淸)	影松軒	1887(光緖13)	한양대			
62	雪鴻小記	도서	新鉛活字本	珠泉居士(撰/淸)	紅遊閣	1878(光緖4)	서울대중앙			

번호	자료명	유형	자료 형태	편저 역자	간행 정보	연도	소장처	해제	원문 보기	비고
63	醒名花	도서		劉世德 陳慶浩 石昌渝 (共編)	北京 中華 書局	1991	국도			古本 小說 叢刊 第35輯 第4冊
64	醒世小說九尾龜	도서		張春帆 (撰/淸)	上海 書局	1917 (民國6)	동아대			
65	醒世姻緣傳	도서		西周生 (著/淸)	北京 中國 戲劇 出版社	2000	국도			
66	笑林廣記	도서		遊戲主人 (撰/淸)			동아대			
67	所聞錄	도서		汪詩儂(撰/淸) 新中国図 書局(編)	上海 廣益 書局	1912 (民國 元年)	동아대			
68	嘯亭續錄	도서	中國 木版本	昭槤 (撰/淸)			국도		○	
69	嘯亭雜錄	도서	中國 木版本	昭槤 (撰/淸)			국도		○	
70	續客窗閑話	도서	中國 木版本	吳熾昌 (撰/淸)	滋本堂	1875 (光緒 元年)	국민대			
71	續鏡花緣	도서		華琴珊 (撰/淸)						
72	續西遊記	도서		劉世德 陳慶浩 石昌渝(共編)	北京 中華 書局	1991	국도			古本 小說 叢刊 第15輯 第2~ 5冊
73	續英烈傳演義	도서					이화대			
74	續板橋雜記	도서	木版本	珠泉居士 (著/淸)	酉酉 山房	1790 (乾隆55)	규장각			
75	繡戈袍全傳	도서		隨園主人 (著/淸)	北京 中國 戲劇 出版社	2000	국도			

번호	자료명	유형	자료 형태	편저 역자	간행 정보	연도	소장처	해제	원문 보기	비고
76	繡球緣	도서			北京 中國 戲劇 出版社	2000	국도			
77	繡屛緣	도서		蘇庵主人 (撰/淸) 劉世德 陳慶浩 石昌渝(共編)	北京 中華 書局	1991	국도			古本 小說 叢刊 第12輯 第5冊
78	繡像二度梅全傳	도서	木版本	惜陰堂主人 (編輯/淸) 繡堯堂主人 (計閱/淸)	老二堂	1878 (光緒4)	규장각			
79	繡像全圖再生緣全 傳	도서	中國 石版本		上海 錦章 圖書局	1821 (道光 元年)	전남대			
80	繡像品華寶鑒	도서	影印本	陳森(撰/淸)	香港石 印書局	1906 (光緒32)	성균관			
81	水窗春囈	도서		歐陽兆熊 金安淸 (共撰/淸) 謝興堯(點校)	北京 中華 書局	1997	국도			
82	繡鞋記	도서		烏有先生 (訂/淸) 中國歷代禁 毀小說編委 會(主編)	北京 大眾 文藝 出版社	2010	국도			中國 歷代 禁毀 小說 第8冊
83	漱華隨筆	도서	中國 木版本	嚴有禧(撰/淸) 張海鵬(校/淸)	虞山	1812 (嘉慶17)	서울대 중앙			
84	蜃樓志	도서		庚嶺勞人 (撰/淸)	長春吉 林文史	2006	한밭도			
85	新齊諧	도서	中國 石版本	袁枚(撰/淸)	上海 錦章 書局	1914 (民國3)	고려대			
86	新增才子九雲記	도서	筆寫本	無名子 (撰/淸)			영남대			
87	十二樓	도서		李漁(著/淸) 李聰慧(點校)	北京 中華 書局	2004	국도			
88	十洲春語	도서	新鉛 活字本	姚燮(撰/淸)		1878 (光緒4)	서울대 중앙			

번호	자료명	유형	자료형태	편저역자	간행정보	연도	소장처	해제	원문보기	비고
89	雙鳳奇緣	도서		雪樵主人(著/淸)	北京中國戲劇出版社	2000	국도			
90	兒女英雄傳評話	도서	中國石版本	文康(著/淸)	上海書局	1898(光緖24)	전남대			
91	野叟曝言	도서	石印本	夏敬渠(撰/淸)		1882(光緖8)	성균관			
92	夜雨秋燈錄	도서	中國石版本	宣鼎(撰/淸)	上海大一統書局	1932	국도			
93	揚州夢	도서	影印本	周伯義(撰/淸)中國社會科學院文學硏究所(編)	上海古籍出版社	1986	단국대			古本戲曲叢刊五集
94	孽海花	도서		曾樸(撰/淸)	北京中國戲劇出版社	2002	국도			
95	閱微草堂筆記	도서	石版本	紀昀(撰/淸)	上海會文堂	1918	국도			
96	影梅庵憶語	도서	影印本	冒襄(撰/淸)續修四庫全書編纂委員會(編)	上海古籍出版社	2000	국도			續修四庫全書1272子部小說家類
97	吳門畫舫續錄	도서	新鉛活字本	箇中生(編/淸)		1878(光緖4)	서울대중앙			
98	五美緣	도서			北京中國戲劇出版社	2000	국도			
99	五鳳吟	도서		雲間嘻嘻道人(撰/淸)	北京中國戲劇出版社	2000	국도			

번호	자료명	유형	자료형태	편저역자	간행정보	연도	소장처	해제	원문보기	비고
100	五色石	도서		筆煉閣主人(撰/淸)	北京中國戲劇出版社	2000	국도			
101	五石瓠	도서	木板影印本	劉鑾(撰/淸)	臺北藝文印書館	1972	충남대			
102	玉樓春	도서		龍邱白雲道人(編輯/淸)中國歷代禁毀小說編委會(主編)	北京大衆文藝出版社	2010	국도			中國歷代禁毀小說第9冊
103	玉蟾記	도서		通元子黃石(著/淸)中國歷代禁毀小說編委會(主編)	北京大衆文藝出版社	2010	국도			中國歷代禁毀小說第9冊
104	玉支磯	도서	筆寫本				연세대			
105	庸庵筆記	도서	中國木版本	薛福成(著/淸)	遺經樓	1897(光緖2)	서울대중앙			
106	庸閑齋筆記	도서	中國石版本	陳其元(著/淸)	上海掃葉山房	1911(宣統3)	고려대			
107	虞初新志	도서	筆寫本	張潮(編/淸)			국도		○	
108	右台仙館筆記	도서	印本	俞樾(撰/淸)南都王子恒(編目)	上海朝記書莊振新書社	1921	영남대			
109	儒林瑣記	도서	中國木版本	朱克敬(撰/淸)		1879(光緖5)	국도		○	
110	肉蒲團	도서		李漁(撰/淸)金春洙(譯)	서울庚文出版社	1963	국도		○	
111	義俠好逑傳	도서	木版本	名教中人(編/淸)遊方外客(批評)	萃芳樓	1866(同治5)				後刷
112	耳書	도서	木板影印本	佟世恩(撰/淸)	臺北藝文印書館	1971	충남대			

번호	자료명	유형	자료형태	편저역자	간행정보	연도	소장처	해제	원문보기	비고
113	因樹屋書影	도서	中國木版本	周亮工(筆記/淸)螺隱(屯溪)(校訂/淸)	因樹屋		서울대중앙			
114	一片情	도서		劉世德陳慶浩石昌渝(共編)	北京中華書局	1991	국도			古本小說叢刊第3輯第5冊
115	情夢柝	도서		蕙水安陽酒民(撰/淸)	北京中國戲劇出版社	2000	국도			
116	定香亭筆談	도서	中國木版本	阮元(編著/淸)	琅仙館	1800(正祖24)	한중연			
117	增補紅樓夢	도서		嫏嬛山樵(撰/淸)中國歷代禁毀小說編委會(主編)	北京大眾文藝出版社	2010	국도			中國歷代禁毀小說第6冊
118	增像小五義全傳	도서	中國石版本		上海昌文書局	1919(民國8)	전남대			
119	增像續小五義	도서	中國石版本		上海昌文書局	1919(民國8)	전남대			
120	增像七俠五義傳	도서	中國石版本	石玉昆(述/淸)俞樾(重編/淸)	上海昌文書局	1919(民國8)	전남대			
121	池北偶談	도서	木版本	王士禎(著/淸)		1700(康熙39)	국도			
122	珍珠舶	도서		鴛湖煙水散人(著/淸)	北京中國戲劇出版社	2000	국도			
123	秦淮畫舫錄	도서	木版本	捧花生(著/淸)	捧花樓		부산대			
124	簷曝雜記	도서	日本木版本	趙翼(編/淸)		1829(文政)	국도		○	

번호	자료명	유형	자료형태	편저역자	간행정보	연도	소장처	해제	원문보기	비고
125	清代野記	도서	鉛印版	梁溪坐觀老人(編/清)	上海中華書局	1915(民國4)	국도			
126	青樓夢	도서	木版本	慕眞山人(著/清)瀟湘館(評/清)	申江文魁堂	1888(光緒14)	규장각			
127	蕉廊脞錄	도서	木板影印本	吳慶坻(撰/清)	臺北藝文印書館	1970	충남대			
128	椒生隨筆	도서	中國木版本	王之春(撰/清)	上海文藝齊	1881(光緒7)	서울대중앙			
129	蕉軒續錄	도서	中國新鉛活字本	方濬師(撰/清)呂景端(編校/清)		1892(光緒18)	서울대중앙			
130	蕉軒隨錄	도서	中國木版本	方濬師(撰/清)	退一步齋	1872(同治11)	서울대중앙			
131	秋燈叢話	도서	木版本	王椷(撰/清)		1812(嘉慶17)	규장각			
132	春柳鶯	도서		南北鶡冠史者(撰/清)中國歷代禁毀小說編委會(主編)	北京大衆文藝出版社	2010	국도			中國歷代禁毀小說第4冊
133	春冰室野乘	도서	木板影印本	李嶽瑞(撰/清)	臺北藝文印書館	1970	충남대			
134	醉醒石	도서	中國木版本	古狂生(編/清)			국도			
135	癡人福	도서		劉世德陳慶浩石昌渝(共編)	北京中華書局	1991	국도			古本小說叢刊第26輯第4冊
136	蕩寇志	도서	방견珍板本	俞萬春(撰/清)範辛來等(參評/清)徐佩珂等(參閱/清)	上海申報館	1883(光緒9)	규장각			

번호	자료명	유형	자료형태	편저역자	간행정보	연도	소장처	해제	원문보기	비고
137	痛史	도서		吳趼人(撰/淸)	南昌江西人民出版社	1988	국도			
138	八段錦	도서		醒世居士(撰/淸)	北京中國戲劇出版社	2000	국도			
139	八洞天	도서		筆煉閣主人(撰/淸)	北京中國戲劇出版社	2000	국도			
140	風月鑒	도서		吳貽先(著/淸)	北京中國戲劇出版社	2000	국도			
141	風月夢	도서		邗上蒙人(撰/淸)	南昌江西人民出版社	1989	국도			
142	漢林四傳	도서	木板影印本	鄭相如(撰/淸)	臺北藝文印書館	1967	충남대			
143	恨海	도서		吳趼人(撰/淸)	南昌江西人民出版社	1988	국도			
144	諧鐸	도서	中國木版本	沈起鳳(撰/淸)		1897(光緒23)	국도			
145	香祖筆記	도서	中國石版本	王士禎(編/淸)	上海掃葉山房	1911(宣統3)	국도		○	
146	螢窗異草	도서	石版本	長白浩歌子(撰/淸)隨園老人(續評/淸)柳橋居士(重訂)	上海錦章圖書局	1876(光緒2)	한양대			
147	呼家將	도서		譚樹輝(主編)	南昌江西美術出版社	2012	나주공공도			
148	狐狸緣全傳	도서		醉月山人(著/淸)	南昌江西人民出版社	1989	국도			

번호	자료명	유형	자료형태	편저역자	간행정보	연도	소장처	해제	원문보기	비고
149	紅樓夢影	도서		雲槎外史(撰/淸) 中國歷代禁毀小說編委會(主編)	北京大眾文藝出版社	2010	국도			中國歷代禁毀小說第8冊
150	紅樓複夢	도서	筆寫本				한중연			
151	紅樓圓夢	도서		夢夢先生(撰/淸) 中國歷代禁毀小說編委會(主編)	北京大眾文藝出版社	2010	국도			中國歷代禁毀小說第7冊
152	紅樓幻夢	도서		花月癡人(撰/淸)	北京中國戲劇出版社	2000	국도			
153	畫舫餘談	도서	中國木版本	捧花生(編/淸)		1826(道光6)	국도			
154	花仙傳	도서	影印本	蔡綬(撰/淸) 續修四庫全書編纂委員會(編)	上海古籍出版社	2002	국도			續修四庫全書1760~1782集部戲劇類
155	花月痕	도서	木版本	眠鶴主人(撰/淸) 棲霞居士(評閱/淸)		1888(光緒14)	규장각			
156	花村談往	도서	木板影印本	花村看行侍者(撰/淸)	臺北藝文印書館	1970	충남대			
157	幻中遊	도서		煙霞主人(編述/淸) 中國歷代禁毀小說編委會(主編)	北京大眾文藝出版社	2010	국도			中國歷代禁毀小說第14冊
158	皇華紀聞	도서		王士禎(撰/淸)			동아대			
159	繪圖說唐傳	도서	中國石版本		上海簡書齋書局	1913(民國2)	국도		○	

번호	자료명	유형	자료형태	편저역자	간행정보	연도	소장처	해제	원문보기	비고
160	繪圖施公案演義	도서	中國石版本	文光主人(編/淸)	上海廣益書局	1903(光緒29)	전남대			
161	後西遊記	도서	中國新鉛活字本		上海申報館	19??	전남대			
162	後水滸傳	도서		侯忠義(主編)	成都巴蜀書社	1995	국도			明代小說輯刊第2輯(4)
163	居易錄	도서	木板影印本	王士禎(撰/淸)	臺北藝文印書館	1965	충남대			
164	鏡花緣	도서	木版本	李汝珍(撰/淸)	繡像掃葉山房藏版	1883(光緒9)	중앙대			
165	綺樓重夢	도서		蘭皐主人(撰/淸)中國歷代禁毀小說編委會(主編)	北京大眾文藝出版社	2010	국도			中國歷代禁毀小說第6冊
166	女媧石	도서		海天獨嘯子(撰/淸)中國歷代禁毀小說編委會(主編)	北京大眾文藝出版社	2010	국도			中國歷代禁毀小說第14冊
167	大字足本繡像七劍十三俠初集	도서	石印本	唐芸洲(編次/淸)	上海廣益書局	淸末民初	성균관			
168	老殘遊記	도서		劉鶚(撰/淸)天津古籍出版社(編)	天津古籍出版社	2007	국도			譴責志怪小說3
169	聊齋志異	도서		蒲松齡(撰/淸)柴田天馬(譯)	東京第一書房	1933(昭和8)	국도		○	
170	療妒緣	도서		靜恬主人(撰/淸)中國歷代禁毀小說編委會(主編)	北京大眾文藝出版社	2010	국도			中國歷代禁毀小說第13冊

번호	자료명	유형	자료형태	편저역자	간행정보	연도	소장처	해제	원문보기	비고
171	夢中緣	도서		李修行(撰/淸) 中國歷代禁 毀小說編委 會(主編)	北京 大眾 文藝 出版社	2010	국도			中國 歷代 禁毀 小說 第10冊
172	北窗囈語	도서	木版本	朱燾(著/淸)	觀自 得齋	1894 (光緒20)	서울대 중앙			
173	三俠劍	도서	石版本		上海 江東 茂記 書局		부산대			
174	三俠五義	도서			上海 古籍 出版社	1980	국도			
175	說閑飛龍全傳	도서	木版本	吳璿 (編/淸)	同文堂	1815 (嘉慶20)	규장각			
176	續金瓶梅	도서		丁耀亢 (編/淸)			국도		○	
177	淞濱瑣話	도서		王韜(撰/淸) 寇德江(標點)	重慶 出版社	2005	국도			
178	隋唐演義	도서	中國 石版本	褚人獲 (撰/淸)	上海 天寶 書局	1917 (民國6)	국도			
179	繡像精忠演義說嶽 全傳	도서	石印本	錢彩(編次/淸) 金豊(增訂/淸)	上海 錦章 書局	1912 (民國 元年)	성균관			
180	繡像繪圖燕子箋傳 奇	도서	中國 石版本		上海 進步 書局	1912~ 1949 (民國)	한중연			
181	新刻天花藏批評玉 嬌梨	도서	中國 石版本		上海 廣益 書局	1908 (光緒34)	고려대			
182	新刊繡像彭公安全 傳	도서	木版本	貪夢道人 (著/淸)	本宅	1892 (光緒18)	규장각			
183	新世說	도서		易宗夔(原著) 李惠明(譯注)	上海 東方 出版 中心	1996	국도			

번호	자료명	유형	자료형태	편저역자	간행정보	연도	소장처	해제	원문보기	비고
184	夜譚隨錄	도서	中國石版本	和邦額(撰/清)	上海錦章書局	1932	국도			
185	揚州畫舫錄	도서	中國木版本	李門(著/清)	自然庵	1775(乾隆40)	고려대			
186	燕山外史	도서	石印版本	陳球(著/清)若애子(輯註)葉璋等(校字)	上海海左書局	1906(光緒32)	성균관			
187	吳門畫舫錄	도서	石印本	西溪山人(著/清)簡中生(編/清)	上海中華圖書館	清末民初	성균관			
188	玉梨魂	잡지		徐枕亞(撰/清)	每日申報社	1919(大正8)	국도		○	
189	異說後唐傳三集薛丁山征西樊梨花全傳	도서	中國木版本			1840(道光20)	고려대			
190	二十年目睹之怪現狀	도서		吳趼人(著/清)	南昌江西人民出版社	1988	국도			
191	人海記	도서		查慎行(撰/清)	臺北各大書局	1985	국도			
192	增補齋省堂儒林外史	도서	石版本	吳敬梓(撰/清)	鴻寶齊	1888(光緒14)	규장각			
193	增像全圖東周列國志	도서	中國石版本	蔡元放(編/清)	上海中新書局		경기대			
194	增異說唐秘本後傳	도서	木版本		江左書板本	1889(光緒15)	성균관			
195	天豹圖	도서		佚名(撰/清)	北京中國戲劇出版社	2000	국도			
196	板橋雜記	도서	中國新鉛活字本	餘懷(撰/清)	道園主人	1878(光緒4)	서울대중앙			

번호	자료명	유형	자료형태	편저역자	간행정보	연도	소장처	해제	원문보기	비고
197	風流悟	도서		坐花散人(撰/淸)中國歷代禁毀小說編委會(主編)	北京大衆文藝出版社	2010	국도			中國歷代禁毀小說第3冊
198	風流和尙	도서			北京中國戲劇出版社	2000	국도			
199	海上花開 國語海上花列傳	도서		韓邦慶(著/淸)張愛玲(注譯)	北京十月文藝出版社	2009	부산시시민도			
200	海陬冶遊錄	도서	中國木活字本	王韜(撰/淸)		1878(光緒4)	국도			
201	豪譜	도서	木板影印本	高承勳(撰/淸)	臺北藝文印書館	1967	충남대			
202	紅樓夢	도서	木版本	曹雪芹高鶚(撰/淸)程偉元(校/淸)		1791(乾隆56)	한중연			
203	紅樓夢	도서	木版本	曹雪芹(撰/淸)		淸末	성균관			
204	紅樓夢補	도서		沈懋德(歸鋤子)(撰/淸)	北京中國戲劇出版社	2000	국도			
205	繪圖第八才子書白圭志	도서	石版本	崔象川(輯/淸)	廣益書局	1912(民國元年)	동아대			
206	繪圖許演濟公全傳	도서		郭小亭(著/淸)	서울	19??	대구가톨릭대			
207	繪圖洪秀全演義	도서	中國石版本	黃世仲(撰/淸)	上海廣益書局		이화대			
208	後紅樓夢	도서	木版本	曹雪芹(撰/淸)逍遙子(校/淸)		淸末	성균관			

근대 여행 관련(견문록·기행문 등) 자료

김현선

1. 근대 여행 관련 기록물의 성격

근대 여행 관련 기록물의 자료 목록화는 단국대학교 일본연구소 HK+ 사업단의 '지식 권력의 변천과 동아시아 인문학' 아젠다 연구를 위한 초보적인 단계이며, 자료의 범주는 한국 내 도서관에 소장되어 있는 '기행문(紀行文)', '견문록(見聞錄)' 등과 같은 여행기를 그 대상으로 삼았다.

견문록과 기행문은 모두 '여행'과 밀접한 관련이 있는데[1] 견문록은 보고 들은 지식을 기록하는 글로서 비교적 객관적이며, 기행문은 여

---

1) 김경남, 『1920~1930년대 기행문의 변화 1: 『개벽』(1920년대 전반기)』, 경진출판, 2017, 4쪽.

행의 체험이나 감상을 기술한 글로서 필자의 주관적인 성향이 강한 글이다. 근대 여행 관련 자료는 견문록과 기행문 외에도 시, 산문 등 다양한 형태로 존재하며, 기록 자료를 활용한 다수의 연구 성과가 배출되었다.

근대 이전 국외 여행 체험의 기록물로는 조천록(朝天錄), 연행록(燕行錄), 동사록(東槎錄), 표해록(漂海錄) 등이 있다. 조천록과 연행록의 여행 기록 자료들은 중국(明, 淸)으로 사행(使行)을 다녀온 인물들이 남긴 기록이며, 동사록은 일본으로 통신사를 다녀온 인물들이 남긴 자료이다. 또한 표해록은 바다에 표류되었다가 조선으로 귀국하는 과정을 남긴 것이다. 이 외에도 국내의 여행 경험들을 기록한 유람기(遊覽記) 자료들도 있다. 대게 지식인 계층들이 여행과 유람을 다녀온 후 산문, 시 등을 남겼는데, 대표적인 한 예로 성호(星湖) 이익(李瀷)의 「유청량산기(遊淸涼山記)」[2]를 들 수 있다. 근대 이전의 여행 자료들은 연구가 상당 수 축적되었으며, 특히 연행록 자료는 총서 발간, 국역 및 DB화 작업 등을 통해 관련 연구가 가장 활발하게 진행되고 있고 있다.

근대 이전의 여행기록의 작자 층은 이른바 지식인 계층의 기록이 주를 이루었다면, 근대에 들어선 이후로 여행이 비교적 자유로워지며 개인이 남긴 다양한 견문록과 기행문들이 등장하였다. 또한 이전에는 조선과 일본, 중국 여행으로 그 지역이 한정되었다면 근대 이후에는 미국, 러시아, 유럽 등으로 여행의 지역이 확장되어졌다.

근대 여행을 통한 여행기 자료는 그 주제와 내용이 다양하고, 형식 또한 자유로운데 대체적으로 다음의 주제들의 여행기들이 있다.

---

2) 『星湖全集』第53卷,「記·遊淸涼山記」.

(1) 파견으로 인한 견문 및 기행 기록[3]

앞서 근대 이전시기의 여행 체험의 기록물인 조천록, 연행록, 동사록 등은 조정(朝廷)으로부터 명(命)을 받아 중국 혹은 일본을 방문하고 남긴 기록들이다. 근대 시기에도 이와 같이 시찰, 답사, 공사업무, 박람회 참여 등을 목적으로 정부에서 파견된 관원들이 해외를 방문하고 그 경험을 기록으로 남겼다. 일본에 파견되었던 조사시찰단 단원인 어윤중(魚允中), 엄세영(嚴世永), 조준영(趙準永) 등이 일본을 경험하고 작성한 견문(見聞)과 시찰(視察) 등의 기록을 그 예로 들 수 있다.

정부의 관원 파견은 이제 중국, 일본에만 국한되지 않고 구미의 열강으로 확대되었다. 초대 주미전권공사로 미국에 파견되었던 박정양은 미국 워싱턴에서 근무를 하고 귀국 하여 고종에게 복명하기까지의 일을 『미행일기(美行日記)』로 남겼다. 또한 프랑스 공사로 파견되었던 김만수는 그가 겪은 세계여행의 기록을 『주법공사관 일기』, 『김만수 일기』를 통해 확인할 수 있다.

이 외에도 공적 업무를 목적으로 국외의 해외 체험을 하던 관원들이 다수 있었으며, 그들은 파견의 임무를 수행함과 동시에 국가적 외교 업무를 진행하였다. 또한 이러한 경험을 바탕으로 자신들의 경험을 기록으로 작성하였다.

---

3) 이와 관련된 연구 성과는 다음과 같다. 구사회, 「대한제국기 주불공사 김만수의 세계기행과 사행록」, 『동아인문학』29, 동아인문학회, 2014; 김만수 著, 구사회·양지욱·양훈식·이수진·이승용 옮김, 『대한제국기 프랑스공사 김만수의 세계여행기』, 보고사, 2018; 육영수, 「'은자(隱者) 나라' 조선 사대부의 미국문명 견문록: 출품사무대원 정경원과 1893년 시카고 콜롬비아 세계박람회」, 『역사민속학』48, 한국역사민속학회, 2015; 李民植, 「朴定陽의 在美 活動에 관한 研究: 文化見聞을 중심으로」, 『韓國思想과 文化』1, 1998; 이효정, 「1896년 러시아 사절단의 기록 연구」, 연세대학교 석사논문, 2008 등 다수의 논저가 있다.

(2) 개인의 여행 기록을 남긴 여러 저작물[4]

근대로 접어들면서 개인의 국내 혹은 국외 여행이 활발해졌고, 여행의 대상 국가는 중국과 일본 이외에 미국, 러시아, 프랑스 등으로 확대 되었다. 또한 여행을 다녀온 후 기행문, 잡지 및 신문 연재 글, 수필, 시, 산문, 사진, 그림 등의 다양한 형태로 여행기를 남겼다. 국외 여행뿐만 아니라 국내의 내지 여행도 활발해졌으며, 그 중 금강산 기행에 대한 기록이 많은 편이다.

---

4) 이와 관련된 연구 성과는 다음과 같다. 곽승미, 「식민지 시대 여행 문화의 향유 실태와 서사적 수용 양상」, 『대중서사연구』 12, 대중서사학회, 2006; 곽승미, 「『소년』 소재 기행문 연구: 글쓰기와 근대문명 수용 양상을 중심으로」, 『現代文學理論研究』 46, 현대문학이론학회, 2011; 곽효환, 「백석 기행시편 연구」, 『한국근대문학연구』 18, 한국근대문학회, 2008; 구사회, 「근대전환기 조선인의 세계 기행과 문명 담론」, 『국어문학』 61, 국어문학회, 2016; 구인모, 「국토순례와 민족의 자기구성: 근대 국토기행문의 문학사적 의의」, 『한국문학연구』 27, 동국대학교 한국문학연구소, 2004; 구자황, 「근대 교과서와 기행문 성립에 관한 연구: 일제 강점기 조선어 교과서에 나타난 명승고적을 중심으로」, 『韓民族語文學』 69, 한민족어문학회, 2015; 권순회, 「1920~30년대 기행시조의 창작 맥락과 시적 지향」, 『청람어문교육』, 2016, 청람어문교육학회, 2016; 김경남, 「1910년대 기행 담론과 기행문의 성격: 1910년대 『매일신보』 소재 기행 담론과 기행문을 중심으로」, 『인문과학연구』 37, 강원대학교 인문과학연구소, 2013; 김경남, 「근대적 기행 담론 형성과 기행문 연구」, 『한국민족문화』 47, 부산대학교 한국민족문화연구소, 2013; 김경남, 「1920년대 전반기 『동아일보』 소재 기행 담론과 기행문 연구」, 『韓民族語文學』 63, 한민족어문학회, 2013; 김경남, 「근대의 환유지고 계몽담론과 국문 기행문의 연구: 1900년대 이전의 기행문을 대상으로」, 『독서연구』 46, 한국독서학회, 2018; 김경미, 「20세기 초 강릉 김씨 부인의 여행기 〈경성유록〉 연구」, 『한국고전여성문학연구』 35, 한국고전여성문학회, 2017; 김미영, 「1910년대 이광수의 해외체험 연구」, 『人文論叢』 72, 서울대학교 인문학연구원, 2015; 김미정, 「러시아 사행 시 ≪環璆唫艸≫의 작품 실상과 근대성 고찰」, 『인문학연구』 52, 충남대학교 인문과학연구소, 2015; 김외곤, 「식민지 문학자의 만주 체험: 이태준의 「만주 기행」」, 『한국문학이론과 비평』 24, 한국문학이론과비평학회, 2004; 김윤경, 「1930년대 후반 정지용의 기행산문 연구」, 『비평문학』 55, 한국비평문학회, 2015; 김윤희, 「미국 기행가사 〈해유가〉의 문학적 형상화 양상과 시대적 의미」, 『古典文學硏究』 39, 한국고전문학회, 2011; 김윤희, 「20세기 초 대일 기행가사와 동경(東京) 표상의 변모」, 『東方學』, 한서대학교 동양고전연구소, 2012; 김윤희, 「20세기 초 외국 기행가사의 세계 인식과 문학사적 의미」, 『우리문학연구』 36, 우리문학회, 2012; 김중철, 「근대 기행 담론 속의 기차와 차내풍경: 1910~20년대 기행문을 중심으로」, 『우리말글』 33, 우리말글학회, 2005; 김태옥, 「소련기행시집 『붉은 기』 연구」,

여행의 보편화로 여행기를 작성하는 주체로 여성이 등장하기도 하였다. 나혜석은 유럽여행의 경험을 『삼천리』와 『개벽』에 실었고, 강릉 김씨는 경성을 여행하고 온 노정기(路程記)를 작성하여 『서유록』을 남겼다. 이 외에도 여성들의 여행기가 다수 확인된다.5)

(3) 한국 여행의 경험과 안내 지침서6)

근대에는 내국인의 여행 경험뿐만 아니라 한국으로 여행을 온 외국인의 여행기와 한국여행 지침서 등이 등장한다. 예를 들어 일본은 관광단을 구성하여 경성 내의 고궁이나 경주, 평양 등의 유적, 금강산 등의 자연을 비롯하여 경성역, 조선 총독부 등을 관광하였다.7) 이에

『한민족어문학』 79, 한민족어문학회, 2018; 서영채, 「최남선과 이광수의 금강산 기행문에 대하여」, 『민족문학사연구』 24, 민족문학사학회, 2004; 유정선, 「1930년대 금강산 기행가사에 투영된 여행체험의 의미」, 『이화어문논집』 44, 이화어문학회, 2018; 이은주, 「1923년 개성상인의 중국유람기 『중유일기(中遊日記)』 연구」, 『국문연구』 25, 국문학회, 2012; 조윤정, 「1900~1910년대 조선의 수학여행과 기록의 의미」, 『民族文化研究』 76, 고려대학교 민족문화연구원, 2017; 강지혜, 「근대전환기 조선인의 세계기행과 문명 담론 연구」, 선문대학교 박사논문, 2019; 김진희, 「한국 근대 기행시 연구」, 숙명여자대학교 박사논문, 2009; 성현경, 「1930년대 해외 기행문 연구: 삼천리 소재 해외 기행문을 중심으로」, 성균관대학교 석사논문, 2010; 우점복, 「한국 근대 기행시 연구: 이은상, 임학수, 백석을 중심으로」, 경남대학교 석사논문, 1991; 유충희, 「閔泳煥의 세계여행과 의식의 漸移: 한국 근대형성기 조선 축하사절(1896)의 여행기록물을 중심으로」, 성균관대학교 석사논문, 2008; 정수연, 「정지용과 백석의 기행시편 연구」, 고려대학교 박사논문, 2017 등.

5) 20세기를 전후한 시기의 여성들의 여행기록에 대해서는 김경미, 「20세기 초 강릉 김씨 부인의 여행기 〈경성유록〉 연구」, 『한국고전여성문학연구』 35, 한국고전여성문학회, 2017.

6) 이와 관련된 연구 성과는 다음과 같다. 심원섭, 「1910년대 중반 일본인 기자들의 조선기행문 연구」, 『현대문학의 연구』 48, 한국문학연구학회, 2012; 심원섭, 「'일본제 조선기행문'과 이광수의 「오도답파여행」」, 『현대문학의 연구』 52, 한국문학연구학회, 2014; 윤소영, 「러일전쟁 전후 일본인의 조선여행기록물에 보이는 조선인식」, 『한국민족운동사연구』 51, 한국민족운동사학회, 2007; 이규수, 「일본인의 조선여행기록에 비친 조선의 표상: 『大役小志』를 중심으로」, 『대구사학』 99, 대구사학회, 2010; 김정은, 「17~20세기 한일 여행문화 비교연구」, 고려대학교 대학원 일어일문학과, 2016; 문순희, 「개화기 한국인의 일본기행문과 일본인의 한국기행문 연구」, 연세대학교 박사논문, 2016 등.

관광 후에 여행기를 남긴 자료나 여행의 지침이 될 만한 지침서 등을 작성하여 남겼다. 일본뿐만 아니라 국내를 체험한 많은 외국인들이 남긴 기록물들도 남아 있다.

이 외에도 다양한 주제와 범주의 근대 견문록, 기행문 등이 존재하며 앞서 언급한 바는 극히 일부에 불과 한다. 그렇다면 앞으로 지속적인 자료조사와 DB 구축 및 후속 연구를 통해 얻을 수 있는 자료의 가치는 무엇인지를 대략적으로 살펴보면 다음과 같다.

첫째, 근대 기행의 자료들을 통해 당시의 시대적 모습을 생생하게 그려볼 수 있으며, 근대 여행로를 재구성할 수 있다. 여행기 자료들은 필자가 여행을 했을 당시의 모습을 생동감 있게 묘사하였기 때문에 당시의 현장이나 모습, 일상들의 모습, 나아가 경제·사회적 모습을 살펴볼 수 있다. 또한 여행기의 노정(路程)을 재구성함으로써 그들이 밟았던 여행의 길을 체험해볼 수 있다.

둘째, 기행문을 남긴 필자들의 사유(思惟), 가치관, 관념 등을 확인할 수 있다. 근대 여행을 체험한 대상이 보편화되었으나 그럼에도 대다수가 지식인 계층에 속한다. 그들은 단순히 여행의 기록만을 남겼을 뿐만 아니라 여행을 통해 경험한 자신들의 생각을 글로써 풀어냈다. 그렇기 때문에 당시의 지식인들의 사유, 가치관, 관념 등을 알아 볼 수 있다.

셋째, 여행의 기록은 한문만이 아닌 순한글, 국한문 혼용 등으로 기록되어 있어 국문학 연구에 도움이 된다. 근대에는 한문 외에 순한

---

7) 곽승미, 「식민지 시대 여행 문화의 향유 실태와 서사적 수용 양상」, 『대중서사연구』 12, 대중서사학회, 2006, 6쪽.

글, 국한문이 함께 쓰였기 때문에 현재 우리가 사용하고 있는 국어로의 변용 과정, 파생 어휘 등을 연구하는 데 큰 역할을 할 수 있다. 또한 외국어와의 접촉을 통해, 음역과 의역과 같은 외국어의 번역이 어떻게 이루어졌는지도 확인할 수 있을 것이라 기대된다.

이상 근대 기행문의 종류와 그 자료가 가지는 가치에 대해 소략하게나마 서술해보았다. 현재 목록화되어 있는 기행문들은 아직 소수에 불과하고 추후 모든 기행문의 전수를 조사해야 한다. 근대 여행기의 자료들은 근대 이전 한중일 동아시아 삼국으로만 비교적 제한되어있던 교류의 범주를 확장시켜, 좀 더 국제적인 경험을 살펴볼 수 있게 하였다. 즉 이러한 연구는 지식인들의 다양한 경험과 체험을 살필 수 있으며, 이는 본 사업단의 아젠다 연구와도 밀접하게 관련된 연구라고 생각된다.

2. 조사 자료 목록

번호	자료명	유형	자료형태	편저역자	간행정보	연도	소장처	해제	원문보기	비고
1	可麻久良畵紀行 : 河滿久羅	도서	筆寫本 (日本)	河滿久羅 /睡花陳人(日)			국도		○	
2	康輶紀行	도서	木板本 (淸)	姚瑩(淸)	桐城(淸)	道光年間 (1820~ 1850)	서울대			
3	江左記行	도서	電子復寫本				경상대			
4	開城府立博物館案内	도서		開城府立博物館 編	開城: 開城府立博物館	1936	국도		○	

번호	자료명	유형	자료형태	편저역자	간행정보	연도	소장처	해제	원문보기	비고
5	開城案内記	도서		岡本喜一	開城:開城新聞社	1911	국도		○	
6	見聞敬錄	도서	木版本	黎經平敬錄		1892	동국대(경)			
7	見聞記	도서	筆寫本				전남대			
8	見聞紀訓	도서		陳良謨	臺北:藝文印書館		영남대			
9	見聞紀訓	도서	影印本(木板)	陳良謨 撰	臺北:藝文印書館	1965	충남대			
10	見聞紀訓	도서	縮刷影印本	陳良謨(明)	北京:中華書局	1985	경상대			
11	見聞錄	도서	朝鮮寫本				국도		○	
12	見聞錄	도서	筆寫本				전남대			
13	見聞錄.1~4	도서	木板影印本	陳繼儒	臺北:藝文印書館	1965	충남대			
14	見聞錄.1~4	도서		陳繼儒 撰	臺北:藝文印書館		영남대			
15	見聞錄	도서	筆寫本				국학진흥원			
16	見聞錄	도서	電子復寫本				경상대			
17	見聞錄(乙巳)	도서	電子復寫本				경상대			
18	見聞錄	도서	筆寫本	蔡濟恭(朝鮮)			규장각			
19	見聞錄	도서	筆寫本				원광대			
20	見聞錄	도서	筆寫本	張燫 編			단국대			
21	見聞錄.冊29	도서	筆寫本			조선말기	고려대			
22	見聞錄	도서	筆寫本				계명대			

번호	자료명	유형	자료형태	편저역자	간행정보	연도	소장처	해제	원문보기	비고
23	見聞私記	도서	新鉛活字本(日本)	山縣大華	毛利家編輯所	1890	국도		○	
24	見聞隨錄	도서	筆寫本				국도		○	
25	見聞隨筆	도서	木版本	齋學裘(淸)		1872(跋)	규장각			
26	見聞隨筆	도서	淸版	齊學裘(淸)		1871	국도			
27	見聞續筆.1~6(卷1~24)	도서	木板本	齋學裘(淸)	天空:海闊之居	1876	동국대			
28	見聞因繼錄	도서	複本		국도	1993	국도			
29	見聞雜錄.1~2	도서	筆寫本			1928	경상대			
30	見聞疾書	도서	筆寫本	李建昇[等]			국도		○	
31	見聞集	도서	木活字本(日本)	藤重爲		1863	국도		○	
32	見聞集	도서	筆寫本(日本)				국도			
33	見聞集.單	도서	筆寫本			1915	경상대			
34	見聞輒記	도서	筆寫本				경기대			
35	見聞草.雷皐遺稿	도서	筆寫本				고려대			
36	見聞草.雷皐遺稿	도서	筆寫本				국학진흥원			
37	見聞標折	도서	筆寫本(日本)	鬼澤大海(日本)			국도		○	
38	京城案內	도서		京城府敎育會		1926	국도		○	
39	溪下見聞	도서	筆寫本	金履修(朝鮮)		1776~1800	규장각	○		
40	古今彌說見聞集	도서	筆寫本				국도		○	
41	高霽峰遊瑞石錄	도서	石版本	高敬命			계명대			
42	高霽峰遊瑞石錄	도서	筆寫本	高敬命(朝鮮)			규장각	○		

번호	자료명	유형	자료형태	편저역자	간행정보	연도	소장처	해제	원문보기	비고
43	坤輿圖說	도서	木版本		17세기 초 20세기 초		규장각		○	
44	公私見聞	도서	筆寫本	鄭之賢			국도		○	
45	公私見聞	도서	筆寫本(稿本)				국도		○	
46	公私見聞	도서	筆寫本	鄭載崙(朝鮮)			장서각		○	
47	公私見聞	도서	筆寫本(原稿本)	鄭載崙(朝鮮)			국민대			
48	公私見聞.卷1~2	도서	筆寫本	鄭載崙(朝鮮)			고려대			
49	公私見聞.卷1~2	도서	筆寫本	鄭載崙(朝鮮)			성균관대			
50	公私見聞.前,後	도서	謄寫本	鄭載崙(朝鮮)	韓國	1701序 後刷	동국대			
51	公私見聞.卷1~2	도서	石板本	鄭載崙(朝鮮)			서울대			
52	公私見聞錄.上下	도서	筆寫本	鄭載崙(朝鮮)			보성 남평문씨		○	
53	公私見聞錄.卷1~3	도서	筆寫本	鄭載崙(朝鮮)	石好翁	1860	연세대			
54	公私見聞錄	도서	筆寫本	鄭載崙(朝鮮)			규장각			
55	公私見聞錄全後集合部	도서	筆寫本	鄭載崙(朝鮮) 著			연세대			
56	公私見聞錄全後集合部	도서	筆寫本	鄭載崙(朝鮮) 著			고려대			
57	公車見聞錄.卷1~5	도서	木板本(淸)	林伯桐(淸) 撰; 侯度(淸), 李能定(淸), 金錫齡(淸) 覆校	[番禺(淸)]: [林世懋]	1844	서울대			
58	關東勝覽	도서	筆寫本			19세기 중반	규장각			
59	關東日錄	도서	木版本	洪仁祐(朝鮮)		1553	규장각	○		

번호	자료명	유형	자료형태	편저역자	간행정보	연도	소장처	해제	원문보기	비고
60	谷耘公紀行錄	도서	筆寫本	權馥			국도		○	
61	關東紀行.全	도서	筆寫本	李基淳		1926	한중연			
62	關西紀行	도서	筆寫本	蔡濟恭			국도		○	
63	寬政紀行: (幷)小記	도서	日本影印本	信濃教育會		昭和2(1927)	국도		○	
64	觀楓紀行	도서	新鉛活字本(日本)	三田葆光(日本) 等		明治29(1896)	국도		○	
65	歐米歷遊日誌	도서	新鉛活字本	長谷場純孝	東京: 民友社	1907	서울대			
66	龜沙金剛錄	도서	筆寫本	權曄		1607	규장각	○	○	
67	近世南紀念佛往生傳.卷3	도서	木版本	南紀俊隆(日本)	皇都: 澤田吉左衛門	1803	동국대			
68	金剛山記	도서	全史字	趙成夏		19세기후반	규장각	○		
69	金剛山及平壤紀行文: 美日旅行記文	도서	新式活字本	金龍大 著; 金浩吉, 金永吉 共編	大邱: 大邱新興印刷所印刷	1983	안동대			
70	金剛紀行錄	도서	筆寫本		鏡西齋		단국대			
71	金剛山探勝案内	텍스트파일		松本武正	京城: 龜屋商店	1926	국도		○	
72	錦山紀行	도서	筆寫本	李鎔 等	미상	1924	성균관대			
73	金華山記	도서	筆寫本				규장각	○	○	
74	己巳紀行	도서	日本筆寫本	淺利信尹		寬延2(1749)	국도		○	
75	紀行	도서	筆寫本				경기대			
76	紀行藁	도서	筆寫本	金蘭 著; 具恒斗 編次			숙명여대			
77	紀行錄	도서	筆寫本	趙緯韓(朝鮮)		1618	고려대			
78	紀行錄	도서	筆寫本	徐文重(朝鮮)			규장각			

번호	자료명	유형	자료형태	편저역자	간행정보	연도	소장처	해제	원문보기	비고
79	記行文	도서	筆寫本	崔益鉉(朝鮮)		1877	모덕사		○	
80	紀行詩文	도서	筆寫本	李忠鎬 等			고려대			
81	樂浪古蹟案內	전자자료(Image)		삼혜학교	大同:私立三惠學校	1928	국도		○	
82	南遊紀行	도서	筆寫本				국학진흥원			
83	南遊錄	도서	筆寫本	宋正熙	미상	1922	규장각	○		
84	談瀛錄	도서	石板本	袁祖志(淸)	上海:同文書局	1884	규장각	○		
85	大京城: 案內書	도서		朝鮮每日新聞社(編])	京城:朝鮮每日新聞社出版部	1925	국도		○	
86	大東嘉言善行	도서	筆寫本				서울대			
87	大東嘉言善行	도서	筆寫本				국도		○	
88	大陸無錢紀行	도서		平井三朗	東京:牧口五明書店	1931	조선대			
89	大理行記, 滇遊記, 滇南新語, 維西見聞紀, 南中雜說, 滇載記	도서	新活字本	郭松年(撰/元)/陳鼎(淸)/張泓(淸)/慶遠(淸)/劉崑(淸)/楊愼(明)	北京:中華書局	1985	경상대			
90	圓覺經見聞抄	도서	筆寫本		한국	1924	동국대			
91	圖畵見聞誌	도서	印本	郭若虛	上海:涵芬樓	1934	영남대			
92	圖畵見聞誌.1~2	도서		郭若虛 著	臺北:藝文印書館		영남대			
93	圖畵見聞誌.1~2	도서	影印本(木板)	郭若虛(撰)	臺北:藝文印書館	1965	충남대			
94	圖畵見聞誌.卷1~6	도서	縮刷影印本	郭若虛(撰)	北京:中華書局	1985	경상대			

번호	자료명	유형	자료형태	편저역자	간행정보	연도	소장처	해제	원문보기	비고
95	圖畵見聞誌.卷1~6	도서	石版本(中國)	郭若虛(撰) 毛晋(訂)	上海: 掃葉山房		고려대			
96	東關紀行詳解	도서	新鉛活字本(日本)	烏野幸次(日本)	東京: 明治書院	明治43 (1910)	서울대			
97	東韃紀行	도서	鉛活字本	南滿洲鐵道株式會社大連圖書館	大連: 南滿洲鐵道	1938			○	
98	東韃紀行	도서	新鉛活字本(日本)	間宮林藏(日)	大連市: 南滿洲鐵道株式會社總裁室庶務課	昭和13 (1938)	동국대			
99	東韃紀行	도서	鉛活字本	南滿洲鐵道株式會社大連圖書館(編)	大連: 南滿洲鐵道	1938	국도		○	
100	東都記行	도서	筆寫本			庚寅年	계명대			
101	東萊案内	도서		久納重吉	東萊	1917	국도		○	
102	東瀛紀行	도서	筆寫本	李重夏		1899	국도		○	
103	東遊記實	도서	筆寫本	洪百昌			규장각	○		
104	東遊錄	도서	筆寫本			1853	규장각	○	○	
105	東遊錄	도서	筆寫本			1868	규장각	○	○	
106	東遊錄	도서	筆寫本			1873	규장각	○	○	
107	東遊錄	도서	筆寫本	李鑊永		20세기	규장각	○		
108	東征紀行錄	도서	影印本(木板)	張瓚(撰)	臺北: 藝文印書館	1965	충남대			
109	東征記行錄; 北平錄; 平蜀記	도서			北京: 中華書局	1985	경상대			

번호	자료명	유형	자료형태	편저역자	간행정보	연도	소장처	해제	원문보기	비고
110	東平公私見聞錄	도서	筆寫本	鄭載崙 (撰)			河合文庫 (京都大學 圖書館)			국도에서 마이크로 필름 열람 가능
111	東平尉公私見聞錄	도서	筆寫本	鄭載崙 (編)		1675 ~ 1720	장서각		○	
112	東平尉公私見聞. 卷1~2	도서	筆寫本	鄭載崙			단국대			
113	東平尉見聞錄. 卷1~3	도서	筆寫本	鄭載崙		1701	중앙대			
114	東圃先生紀行錄	도서	石版本	裵興立		1962	국도		○	
115	東圃先生紀行錄	도서	石印本	裵興立			용인대			
116	東海紀行	도서	日本木板本	井上通女		享保2 (1712)			○	
117	東行記	도서	筆寫本	安錫儆		1761	규장각	○		
118	東還紀行	도서	木板本 (日本)	甘兩亭		天保7 (1836)	국도		○	
119	廬山記: 附山北紀行	도서	日本木板本	陳舜俞 (撰)		元綠10 (1697)	국도			
120	里鄕見聞錄 壺山外史	도서			서울: 亞細亞 文化社	1974	경상대			
121	里鄕見聞錄	도서	筆寫本	劉兼山 (朝鮮)		1940	규장각	○		
122	摩訶止觀見聞. 卷上, 中, 下	도서	木板本 (日本)	尊舜 (日本)	京都: 林博左衛門尉	1660	서울대			
123	夢因錄	도서	木版本	華谷里民 (選) 撰; 錢銘璧 等(校刊)		1887	규장각			
124	萬景錄	도서	筆寫本				규장각	○		
125	萬國總說	도서	木版本	岡本監輔 (日)·朱克敬(淸)		1884	규장각	○		

번호	자료명	유형	자료 형태	편저 역자	간행 정보	연도	소장처	해제	원문 보기	비고
126	漫遊紀畧	도서	古活字本	王澐(淸)		19세기 후반 ~ 20세기 초	규장각	○		
127	滿洲紀行	도서		島木健作 奉吉綠案 內/鐵路 總局	東京; 大連: 創元社; 鐵路總局	昭和15 [1940], 康德 元年 [1934]	조선대			
128	滿洲の話	도서		滿蒙 文化 協力會 編纂(編)	新京; 大連: 新京商工 公會; 滿蒙文化 協會	1942	조선대			
129	滿支紀行和平來夕	도서		鷲尾よし子	東京: 우서방	1941	조선대			
130	名臣外遊詩選	도서		筆寫本			국도	○		
131	白頭山記	도서	筆寫本	洪世泰		1712 이후	규장각	○		
132	白とリ紀行	도서	日本 木板本	一路庵田 水		明治2 (1869)	국도		○	
133	丙午紀行	도서		佐藤修亮 (日本) 著; 佐藤密 (日本) 校	東京: 淸水書店	大正11 [1922]	국도		○	
134	丙辰紀行	도서	日本 木板本	道春(編)		寬永15 (1638)	국도			
135	北狩見聞錄	도서	影印本 (木板)	曹勳(宋) 撰	臺北: 藝文 印書館	1965	충남대			
136	武石沿革考 : 及見聞雜記	도서	鉛 活字本 (日本)	小山眞太郎(編) 村瀨功 (校閱)		1894	국도		○	
137	福島安正君小傳 : 并及紀行梗槪	도서	日本 鉛 活字本	田村維則 (編)		明治27 (1894)	국도		○	
138	鳳關見聞圖說	도서	筆寫本 (日本)	源宗隆 (編)			국도			

번호	자료명	유형	자료형태	편저역자	간행정보	연도	소장처	해제	원문보기	비고
139	封氏見聞記.卷1~10	도서	木板本(中國)	封演(唐)(撰);陶湘重(重編)	[定州]:[安雅堂]	1919	서울대			
140	釜山案内	도서		佐藤善雄(編)	釜山:釜山驛	1926	국도		○	
141	扶桑見聞私記	도서	筆寫本(日本)				국도		○	
142	佛國記	도서	木版本	[釋]法顯(東晉)(撰)		19세기후반~20세기초	규장각	○		간행자:羣玉山房
143	蓬萊紀行	도서	筆寫本	楊士彦(朝鮮)			하버드옌칭			
144	奉使日本紀行.冊1~13	도서	筆寫本(日本)	クルゼンシュテルン;靑地盈(日本)(譯);高橋景保(日本)(校)	日本	1840	서울대			
145	蓬桑雜錄	도서	筆寫本			1849	규장각	○		
146	附錄後 : 渤海考, 熱河紀行	도서	筆寫本	柳得恭(撰)			국도		○	
147	北幕日記	도서	筆寫本	박래겸		1828이후	규장각	○		
148	北邊紀行	도서		安蘇英夫	東京:西東社	1943	조선대			
149	北遊紀行	도서	筆寫本			辛巳年	계명대			
150	北支那紀行.冊1~2	도서	新鉛活字本(日本)	曾根俊虎(誌/日);井上修,小島忠廉(校/日)	東京	1875~1876	서울대			
151	北海紀行	도서	日本木板本	林顯三(編/日);河崎曾平(閱)		明治7(1874)	국도			

번호	자료명	유형	자료형태	편저역자	간행정보	연도	소장처	해제	원문보기	비고
152	四季の朝鮮	도서		龜岡榮吉	京城:朝鮮拓殖資料調査會	1926	국도			
153	算木立見聞秘書	도서	筆寫本(日本)			1821	국도			
154	三秀齋見聞錄.1~2	도서	筆寫本				규장각			
155	常陸紀行	도서	日本木板本	黑崎貞孝(日)	大阪:宋榮堂	文政9(1826)	국도			
156	西南紀行	도서	油印本(謄寫)	徐晚淳	韓國		동국대			
157	西事類編	도서	活字本	沈純(淸)	申報館	1887	규장각	○		
158	西繡日記	도서	筆寫本	朴來謙(朝)		1822	규장각	○		
159	西洋紀行	도서	木板本(日本)	櫻洲先生中井貞	大阪	1868	서울대			
160	西洋紀行	도서	日本木板本	中井貞		明治3(1870)	국도			
161	西淵見聞錄	도서	筆寫本			1843(序)	규장각	○		
162	西遊紀行: 幷及別錄	도서	日本木板本	態阪邦(日);態阪秀(校)		明和8~寬政4(1771~1792)	국도			
163	四朝見聞錄	도서	木板本(淸)	葉紹翁(撰/宋);陶珽(重輯/明)	姚安(淸):宛委山堂	1647	서울대			
164	西行錄	도서	필사본	尹程(朝)		1845이후	규장각	○	○	
165	使琉球記	도서	活字本	李鼎元(撰/淸)	申報館	1802(序)	규장각	○		
166	三淵先生見聞錄	도서	筆寫本	金昌翕(著/朝) 著			국도		○	
167	象山三昧	도서	筆寫本			1814	규장각	○	○	
168	鮮滿紀行	도서	鉛活字本	大房曉(日)		1936	국도		○	

번호	자료명	유형	자료형태	편저역자	간행정보	연도	소장처	해제	원문보기	비고
169	暹羅紀行圖	도서	日本銅版本				국도			
170	續南遊錄	도서	筆寫本			1828	규장각	○		
171	松島紀行	도서	木板本(日本)	半井行藏(通/日);黑木實,福井英(校/日)	江戸	1797	서울대			
172	水戶見聞實記	도서	新式活字	高木留吉(編/日)	水戶市:高木印刷所	1898	규장각			
173	水戶見聞實記：并附錄	도서	鉛活字本(日本)	高本留助(編/日)	미상	1905	국도		○	
174	巡廻紀行：並附錄	도서	日本鉛活字本	岡田良一郎	미상	明治16(1883)	국도			
175	(新羅舊都)慶州古蹟案内	도서		慶州古蹟保存會(編)	大阪:慶州古蹟保存會	1934	국도		○	
176	新聞記者奇行傳	도서	木板本(日本)	細島晴三(隅田了古)(編);鮮齊永濯(畵)		1881	국도			
177	十卷章	도서	木板本	崎行智	東京:森江佐七	1878	동국대			
178	乘槎筆記	도서	木版本	斌椿(纂/淸)	掃葉山房	1885	규장각	○		
179	雙玉紀行	도서	日本木板本	本居宣長(編/日)			국도		○	
180	雙七紀行	도서	筆寫本				경상대			
181	亞洲紀行	도서	鉛活字本	朴榮喆;宋淳夔(編);權陽采(校)	京城:奬學社	1925	국도		○	
182	亞洲紀行	도서	新鉛活字本	朴榮喆	京城[서울]:奬學社	1925	전남대			

번호	자료명	유형	자료형태	편저역자	간행정보	연도	소장처	해제	원문보기	비고
183	安樂集私記見聞	도서	木版本	良榮(日)		寬文2(1662)	국도		○	
184	安政見聞錄	도서	木版本	晁善(編)		1856	국도		○	
185	安政見聞誌	도서	木板本(日本)	一登齋芳綱(日) 等			국도			
186	若狹紀行誌	도서	影印本(日本)	岸本嘉助(日); 岸本卯三郞(編校/日)		1924	국도		○	
187	御製詣舊闕見文昭追慕萬倍	도서	筆寫本	英祖(撰)		1772(寫)	장서각			
188	鹽松紀行	도서	日本木板本	釋古梁(日)			국도			
189	靈城君繡衣使記行	도서	筆寫本				국학진흥원			
190	瀛海論	도서	古活字本		西腴仙館	1877	규장각	○		
191	五部九卷記: 及見聞	도서	木板本(日本)	善導(唐); 良忠 等			국도		○	
192	遼左紀行	도서	筆寫本	李萬暢			부산대			
193	僚佐紀行	도서	筆寫本	張之榮(朝); 張錫英(編/朝)			장서각			
194	龍井見聞錄. 卷1~10, 附錄 卷1~2	도서	木板本(中國)	汪孟賢(纂)	[中國]:嘉惠堂	1884	고려대			
195	雲南記行	도서	日本新鉛活字本	若藤宗側(譯)	日本陸軍文庫	1883	국도			
196	雲下見聞錄	도서	筆寫本	金奎洛		1871	버클리대			국도에서열람가능
197	雲下見聞錄: 外五種	도서		李佑成(編)	서울:亞細亞文化社	1990	경상대			

번호	자료명	유형	자료 형태	편저 역자	간행 정보	연도	소장처	해제	원문 보기	비고
198	遊記	도서	木版本	徐宏祖 (淸); 徐寄 (輯/淸); 李夢良 (編/淸)		1808 (序)	규장각	○		
199	留都見聞錄	도서	木板 影印本	吳應箕 (撰/明)	臺北: 藝文 印書館	1971	충남대			
200	遊頭流錄	도서	乙亥字	김종직		16세기 중반	규장각	○		
201	維西見聞紀	도서	木板 影印本	余慶遠 (撰)	臺北: 藝文 印書館	1965	충남대			
202	維西見聞紀	도서		余慶遠 (撰)	臺北: 藝文 印書館		영남대			
203	遊松島記	도서	木板本 (日本)	細井德民 (日)			국도			
204	伊勢道中戀記行	도서	木板本 (日本)	東西庵南 北(日); 勝川春扇 (畵/日)	江戶 [東京]: 甘泉堂	1817	서울대			
205	二藏義見聞	도서	木版本				규장각			
206	痲症見聞方.單	도서	筆寫本				경상대			
207	里鄕見聞錄	도서	筆寫本	劉在健 (編)		1940	규장각	○		
208	里鄕見聞錄 壺山外史	도서			京城 (서울): 亞細亞 文化社	1974	경상대			
209	日本聞見事件	도서	筆寫本	嚴世永		1881	규장각	○	○	
210	日本聞見事件	도서	筆寫本	李鑣永		1881	규장각	○	○	
211	日本聞見事件	도서	筆寫本	趙準永		1881	규장각	○	○	
212	日本聞見事件草	도서	筆寫本	嚴世永		1881	규장각	○		
213	日本聞見事件草	도서	筆寫本	趙準永		1881	규장각	○		
214	日本財政見聞	도서	筆寫本			1882 ~1906 (寫)	장서각			

번호	자료명	유형	자료형태	편저역자	간행정보	연도	소장처	해제	원문보기	비고
215	一松南遊錄	도서	筆寫本	朴榮汶	미상	1822	규장각	○		
216	元張參議耀卿紀行地理考證	도서	木板影印本	丁謙(撰/淸)	臺北:藝文印書館	民國61(1972)	충남대			
217	臥遊錄	도서	筆寫本			18세기이후	규장각	○		
218	伊珍紀行錄	도서	筆寫本(自筆稿本)	李裕元		1855	고려대			
219	日光山紀勝:(並)松島紀行	도서	日本鉛活字本	大村斐夫		明治16(1883)	국도			
220	日仇山紀行	도서	日本木板本	小松恒(日)		明治18(1885)	국도			
221	一見藁	도서	草稿本			1888	전남대			
222	日本紀行	도서	複寫本	李東老(朝鮮)	서울:國立中央圖書館	1991	국도			
223	日本紀行	도서	筆寫本				今西龍文庫(天理大學)			
224	日本大藏省視察記	도서	筆寫本	魚允中(編)		19세기중반~20세기초(高宗年間,1863~1907)	규장각	○		
225	日本司法省視察記	도서	筆寫本	嚴世永(編)		1881	규장각	○	○	
226	長岐行役日記	도서	木板本(日本)	長久保玄珠(日)		1805	국도			
227	壯遊錄	도서	筆寫本				규장각	○	○	
228	淨土略名目圖及見聞	도서	木板本(日本)	釋源空			국도		○	
229	淨土略名目圖見聞	도서	木版本		日本		계명대			

번호	자료명	유형	자료형태	편저역자	간행정보	연도	소장처	해제	원문보기	비고
230	淨土略名目圖見聞講習	도서	木板本(日本)	壽廓;延壽(編)		1719	국도		○	
231	滇軺紀程	도서	木版本	林則徐(淸)		19세기후반~20세기초	규장각	○		
232	適可記言記行	도서	木版本	南徐馬(淸)	淸	光緒22(1896)	한중연			
233	適可齋記言	도서	石版本(淸)	馬建忠(淸);梁啓超(淸)	[淸]:愼記書莊	光緒23(1897)	서울대			
234	赤水先生東奧紀行: 幷附 北越七奇	도서	日本木板本	長久保玄珠(日);長中行(訂正/日)		寛政4(1792)	국도			
235	剪勝野聞, 見聞錄.卷1~3			禎卿(明),陳繼儒(明)	北京:中華書局	1985	경상대			
236	淀川合戰見聞奇談	도서	木板本(日本)	北遊山人(日)	京都:屋治兵衛	慶應4(1869)	서울대			
237	濟州紀行錄	도서	石印板				용인대			
238	濟州記行錄	도서	木板影印本				경상대			
239	朝鮮紀行	도서	鉛活字本	三浦在六(日)	名古屋:其中堂書店	1917	국도		○	
240	(明治癸卯) 朝鮮紀行	도서	日本鉛印本	三浦兼助(日)	京都:其中堂書店	1917	한중연			
241	朝鮮賦	도서	影印本	董越(明)	朝鮮總督府	1937	규장각			
242	朝鮮儒教淵源	도서	筆寫本			1915	전주시립			
243	朝鮮鐵道旅行案內	도서		南滿洲鐵道 京城監理局(編)	東京:南滿洲鐵道 京城監理局	1918	중도		○	
244	足利學校見聞記	도서	木版本	廣瀨建(日)			국도		○	

번호	자료명	유형	자료형태	편저역자	간행정보	연도	소장처	해제	원문보기	비고
245	從政年表	도서	鉛活字本	魚允中	서울:國史編纂委員會	1958	국도			
246	從宦日記	도서	筆寫本	김홍집		1884	규장각	○		
247	住吉紀行	도서	日本影印本	四方歌垣(日)			국도		○	
248	中西聞見錄	도서	木版本	윌리엄 알렉산더 파아슨스 마틴(編/美)		1872~1874	규장각			
249	中遊日記	도서	新式活字	孔聖學		1923	규장각	○		
250	曾侯日記	도서	古活字本	曾記澤(淸)	申報館	1881(序)	규장각	○		
251	止軒見聞記	도서	筆寫本	止軒			장서각		○	
252	震維勝覽	도서	筆寫本	李重煥		1751年(英祖27)以後	규장각	○	○	
253	滄槎紀行	도서	筆寫本	安光默		1876	규장각	○		
254	淸秘藏.卷上, 下	도서	木板本(中國)	張應文(明);劉晚榮(編/淸)	中國:藏修書屋	1871	서울대			
255	(最新)朝鮮·滿洲·支那案內	전자자료(이미지)		小西榮三郎	東京:聖山閣	1930	국도		○	
256	秋遊紀行集	도서	筆寫本(稿本)	沈魯嚴			국도		○	
257	筑紫紀行	도서	日本木板本	菱屋翁(日)	日本東壁堂	文和3(1806)	국도			
258	出使英法義比囚國日記	도서	木版本	薛福成(淸);顧錫爵 等(校/淸);王豊鎬 等(譯/淸);潘承烈(繕錄/淸)		光緒20(1894)	규장각	○		

번호	자료명	유형	자료형태	편저역자	간행정보	연도	소장처	해제	원문보기	비고
259	出洋鎖記	도서	古活字本	蔡鈞(淸)		1885	규장각	○		
260	湯島紀行	도서	鉛活字本	孔聖學	開城	1936	국도		○	
261	湯島紀行	도서	新鉛活字本	孔聖學(編)	京城[서울]:孔聖學	1936	전남대			
262	湯島紀行	도서	鉛印本	開城:春圃社	孔聖學	1936	국회			
263	惕齋見聞錄	도서	木板影印本	臺北:藝文印書館	蘇浤(淸)	1972	충남대			
264	太義論	도서	筆寫本	南紀齊			국도		○	
265	太宰府紀行	도서	日本筆寫本			寬政9(1797)	국도		○	
266	八仙臥游圖	도서	筆寫本	柳本正		高宗3(1866)	규장각	○	○	
267	楓嶽紀行	도서	筆寫本	朴宗直	미상	英祖36(1760)	규장각	○		
268	恨別紀行	도서	筆寫本				숙명여대			
269	(咸興案內)名勝寫眞帖	도서		笹沼末雄	咸興:笹沼寫眞館	1936	국도		○	
270	合刻神珍 十卷草:上, 下	도서	木板本(日本)	大崎行智日本	豊山長谷寺	明治11(1878)	국도		○	
271	화양로졍긔	도서	筆寫本			1912	규장각	○	○	
272	環遊地球新錄	도서	木版本	李圭(淸)		1878(序)	규장각	○		
273	海國聞見錄	도서	木版本	陳倫烱(淸)		1793(序)	규장각	○		
274	海國圖志	도서	木版本	魏源(淸)	平慶	光緒2(1876)	규장각	○	○	
275	海國圖志	도서	木版本	魏源(淸)	楊州:上黑魚尾	道光29(1849)	규장각	○		
276	海國圖志	도서	石板本	魏源(淸)	上海:積山書局	1895	규장각	○	○	

번호	자료명	유형	자료형태	편저역자	간행정보	연도	소장처	해제	원문보기	비고
277	海上見聞錄. 卷1~2	도서			商務印書局	民國1 (1912)	경희대			
278	解脫紀行錄	도서	木板影印本	金科豫 (淸)	臺北: 藝文印書館	1971	충남대			
279	回顧錄 : 幷附長崎紀行	도서	日本木板本	吉田寅次郎		明治19 (1886)	국도		○	
280	懷中見聞	도서	筆寫本				서울: 李在陽	고려대		

곽승미, 「식민지 시대 여행 문화의 향유 실태와 서사적 수용 양상」, 『대중
　　서사연구』 12, 대중서사학회, 2006.

김경남, 『1920~1930년대 기행문의 변화 1: 『개벽』(1920년대 전반기)』, 경
　　진출판, 2017.

김경남, 『1920~1930년대 기행문의 변화 2: 『동광』(1920년대 후반기)』, 경
　　진출판, 2017.

김경남, 『1920~1930년대 기행문의 변화 3: 『동아일보』(1920~1940)』, 경진
　　출판, 2017.

김경미, 「20세기 초 강릉 김씨 부인의 여행기 〈경성유록〉 연구」, 『한국고
　　전여성문학연구』 35, 한국고전여성문학회, 2017.

김만수 著, 구사회 외 옮김, 『대한제국기 프랑스공사 김만수의 세계여행기』,
　　보고사, 2018.

기획 단국대학교 일본연구소

허재영   단국대학교 일본연구소장(HK+사업 연구 책임자)
박나연   단국대학교 일본연구소 HK+ 사업 연구 보조원
량야오중   단국대학교 일본연구소 HK+ 사업 연구 보조원
김현선   단국대학교 일본연구소 HK+ 사업 연구 보조원

지식인문학자료총서 DB2

지식 인문학 연구를 위한 DB 구축의 실제 1

© 단국대학교 일본연구소, 2020

1판 1쇄 인쇄__2020년 02월 05일
1판 1쇄 발행__2020년 03월 15일

기 획__단국대학교 일본연구소
지은이__허재영·박나연·량야오중·김현선
펴낸이__양정섭

펴낸곳__경진출판
      등록__제2010-000004호
      이메일__mykyungjin@daum.net
      사업장주소__서울특별시 금천구 시흥대로 57길(시흥동) 영광빌딩 203호
      전화__070-7550-7776 팩스__02-806-7282

값 18,000원
ISBN 978-89-5996-731-5 93000